历史的丰碑丛书

为人类安上翅膀的人
莱特兄弟

高俊勇　滕新宇　编著

吉林人民出版社

图书在版编目(CIP)数据

为人类安上翅膀的人——莱特兄弟 / 高俊勇,滕新宇编著. -- 长春:吉林人民出版社,2011.4（2025.4 重印）
（历史的丰碑丛书）
ISBN 978-7-206-07661-9

Ⅰ.①为… Ⅱ.①高… ②滕… Ⅲ.①莱特,W.（1867～1912）—生平事迹—青年读物②莱特,W.（1867～1912）—生平事迹—少年读物③莱特,O.（1871～1948）—生平事迹—青年读物④莱特,O.（1871～1948）—生平事迹—少年读物 Ⅳ.
① K837.126.16-49

中国版本图书馆 CIP 数据核字（2011）第 037165 号

为人类安上翅膀的人 莱特兄弟
WEI RENLEI ANSHANG CHIBANG DE REN LAITEXIONGDI

编　　著:高俊勇　滕新宇
责任编辑:葛　琳　　　　封面设计:孙浩瀚
制　　作:吉林人民出版社图文设计印务中心
吉林人民出版社出版 发行（长春市人民大街7548号 邮政编码:130022）
印　刷:北京一鑫印务有限责任公司
开　本:787mm×1092mm　1/16
印　张:8　　　　　　　字　数:72千字
标准书号:ISBN 978-7-206-07661-9
版　次:2011年4月第1版　印　次:2025年4月第3次印刷
定　价:35.00元

如发现印装质量问题,影响阅读,请与出版社联系调换。

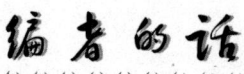

"欲知大道,必先为史"。

回溯人类的足迹,人们首先看到的总是那些在其各自背景和时点上标志着社会高度和进步里程的伟大人物。他们是历史的丰碑,是后世之鉴。

黑格尔说:"无疑,一个时代的杰出个人是特性,一般说来,就反映了这个时代的总的精神。"普希金说:"跟随伟大人物的思想是一门引人入胜的科学。"

以史为鉴,面向未来。作为21世纪的继往开来者,我们觉得,在知史基础上具有宽广的知识结构、开阔的胸襟和敏锐的洞察力应是首要的素质要求,而在历史的大背景

◆ 历史的丰碑丛书

中追寻丰碑人物的思想、风范和足迹，应是知史的捷径。

考虑到现代人时间的宝贵，我们期盼以尽量精短的篇幅容纳尽量丰富的信息，展现尽量宏大的历史画卷和历史规律。为此，我们编撰了这套丛书。

编撰丛书的过程，也是纵览历代风云、伴随伟人心路、吸收历史营养的过程。沉心于书页，我们随处感受着各历史时期伟大人物所体现的推动历史进步的人类征服力量。我们随着伟人命运及事业的坎坷与辉煌而悲喜，为他们思想的深邃精湛、行为的大气脱俗而会意感慨、拍案叫绝。

然而，在思想开始远游和精神获得享受的同时，我们也随之感受到历史脚步的沉重

编者的话 ◆

和历史过程的曲折。社会每前进一步都是艰难的，都伴随着巨大的痛苦和付出。历史的伟大在于它最终走向进步，最终在血污中诞生了鲜活的"婴孩"。

历史有继承性和局限性，不能凭空创造。伟人也有血肉，他们的思想、行为因此注定了同样具有历史的局限性和阶级的、时代的烙印；他们的功业建立于千千万万广大人民群众伟大创造的基础上。历史是人民群众创造的，伟大的人物们是历史和时代造就的。同时，我们也无法否定此间他们个人的努力。这也正是我们编撰这套丛书的目的。

我们期盼着这套丛书得到社会的认同，对读者，特别是青少年读者之历史感、成就感和使命感的培养有所裨益。史海浩瀚，群

◆ 历史的丰碑丛书

星璀璨。我们以对广大青少年读者负责的精神，精心遴选，以助力青少年成长进步，集结出版了《历史的丰碑》系列丛书，敬请读者批评、指正。

历史的丰碑丛书

编 委 会

策　划：胡维革　吴铁光
　　　　　林　巍　冯子龙
主　编：胡维革　邢万生
副主编：贾淑文　谷艳秋
编　委：（按姓氏笔画为序）
　　　　　于二辉　刘士琳
　　　　　刘文辉　孙建军
　　　　　李艳萍　吴兰萍
　　　　　杨九屹　隋　军

莱特兄弟是美国伟大的发明家，动力飞机的发明人，他们设计、制造、试飞了第一架动力飞机。他们的发明，实现了人类飞上蓝天的梦想，为人类翱翔蓝天装上了翅膀。为航空事业奠定了坚实的基础。

今天，当我们惊叹飞机给人类带来的文明的时候，我们怎能忘记莱特兄弟！

我们为这两位伟大的发明家树碑立传，不仅仅只是缅怀他们的丰功伟绩，更重要的是要我们从他们成长奋斗的过程中，领悟人生的真谛，学习他们艰苦创业的精神，从而坚定我们努力学习、建功立业的信心和决心。

目　录

爱好机械的小兄弟　　　◎ 001

成长中的两兄弟　　　　◎ 014

学校生涯　　　　　　　◎ 027

创业　　　　　　　　　◎ 035

滑翔机的启示　　　　　◎ 049

试飞成功　　　　　　　◎ 056

完成动力飞机　　　　　◎ 070

赴欧表演　　　　　　　◎ 083

再创辉煌　　　　　　　◎ 094

莱特飞机公司　　　　　◎ 099

巨星陨落　　　　　　　◎ 106

为人类安上翅膀的人　**莱特兄弟**

爱好机械的小兄弟

> 要成就一件大事，就必须从小事做起。
> ——列宁

莱特兄弟是莱特一家中的两个亲兄弟，哥哥威尔伯·莱特年长弟弟奥维尔·莱特4岁，1867年和1871年两兄弟先后出生在美国俄亥俄州的代顿市郊。

莱特一家人，除了父母外，还有5个孩子，他们是：路易、罗林、威尔伯、奥维尔和妹妹凯特。威尔伯排行第三，奥维尔排行第四。父亲密尔顿·莱特就读过神学院，毕业后担任了牧师，属于一个小宗教团体莫拉比亚派，是该派的负责人。密尔顿是一个有教养、心地善良、助人为乐的人，而且，从来不强迫他人办任何事情。同时，他也是一个书籍收藏家，并教导孩子们要好好读书。母亲苏珊·凯塞林·果纳是位美丽的德籍女子，在家操持家务。

还在幼年时代，威尔伯·莱特和奥维尔·莱特就受到托斯顿·维布伦所说的"劳动天性"的影响。父

← 莱特兄弟雕像

亲密尔顿·莱特常在这方面鼓励他们,而从不指责他们把身上仅有的一点儿零用钱花在买工具、材料上的癖好。他还敦促孩子们尽量多挣钱来弥补他们创造性劳动所需要的开销。他常对孩子说:"人们需要钱,是为了让他不成为别人的负担,有了这些钱那就足够了。"

莱特兄弟从小就对机械有着天生的爱好,喜欢摆弄一些小东西,家中的车轮条、破旧的钟表、爸爸不用的刀片以及自己身上的纽扣都成了两兄弟摆弄探奇的对象。

有一天,母亲洗完衣服回到家,一进门就皱起眉头,满屋子散落着弯曲的铁钉、断落的发条、生锈的刀片、一段段的铁丝,使人无从下脚。

妈妈知道这准是威尔伯和奥维尔两兄弟干的。她

为人类安上翅膀的人　**莱特兄弟**

吩咐年长的路易和罗林立刻把威尔伯和奥维尔给找回来。

过了一会,路易和罗林相继回到家中。

"妈妈,我们都找不到他们。"

"那就怪了!嗯,我想,一定是在后面的小仓库里。"母亲猜测说。她随即推开厨房的门,走到后院,路易与罗林两兄弟紧跟在后面。

来到小仓库门口,母亲把手指竖在嘴唇上示意他们安静,然后轻轻地去叩门。

"谁?"

"是不是妈妈来了?"

里面传来小兄弟的问话,他们果然在里面。

"是爸爸!"母亲故意压低嗓子,学着男人讲话的声音。

→ 莱特兄弟的故乡俄亥俄州

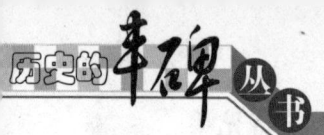

"啊！爸爸回来了！"

威尔伯和奥维尔同时兴奋地冲了出来。

"咦！"

"爸爸呢？"

母亲仍然模仿男子的声音说："你们两个赶快把屋子收拾干净。"

孩子们见状都大笑起来。

"威尔伯和奥维尔，我知道那一地的东西都是你们的，你俩知道，爸爸就要回来了，要赶快把家里收拾干净，免得让他生气。"

威尔伯立刻表示歉意说："好，我马上就去，那些都是我的宝贝呀。"

"我也来帮忙。"奥维尔跟着说。

两兄弟拆拆弄弄，表现出对机械的兴趣和新奇。尤其是对家里的旧时钟、磅秤最感兴趣。母亲当然了解这些，虽然口头上警告两兄弟要把那些破铜烂铁扔到垃圾桶去，其实，她不会这样做的。

就这样，小莱特兄弟小小年纪就学习了不少有关机械方面的技巧。

每到春季，因为有季风的关系，大家都喜欢放风筝，尤其是孩子们的兴趣更浓，在郊外比赛，看谁的风筝放得最高，这已经形成了当地一个风俗。

当时的风筝，都是用竹篾做骨架，再糊上纸而做成的。

有一天，威尔伯放学回家，奥维尔拉着哥哥说："我们去放风筝好不好？我们也来学富兰克林。"

"放风筝是可以，不过今天无法像富兰克林那样去试验闪电，因为今天天气晴朗，没有打雷。"

"真叫人失望，我已经想了很久了，就是没有机会！"

"别扫兴，虽然不能做电的试验，单放风筝，也很好玩，我陪你去好了。"

"谢谢你，哥哥，我去拿。"说完，奥维尔立刻到仓库拿风筝去了。

由于大哥、二哥放学比较晚，而且放学以后，还要到附近的商店去打工。所以，奥维尔的玩伴就只有小哥威尔伯了。风筝很快就拿来了，弟兄俩高高兴兴地到附近的草地上去。

这时，邻居的小朋友爱德喘着气跑来，嚷着要跟着一起去，于是，3个人连跑带跳地去了。

威尔伯手拿线轴，轴上卷了一圈圈的细线。他对奥维尔说："你拿着风筝，当我说'好'的时候，你就立刻放手。"

和煦的春风，迎面吹来，威尔伯观察了一下风向，喊了一声"好",便逆着风势一个劲地往前跑。

风筝随风上升,越升越高,奥维尔和爱德兴奋地高声大喊,边叫边跳,开心极了。

比奥维尔大4岁的威尔伯,毕竟是哥哥,处处知道照顾自己的弟弟。他收起了线,把风筝交到弟弟的手里,让他接下去玩。

奥维尔手拿线轴,向威尔伯说了一声"好",便使尽全力地向前跑。

"太好了,奥维尔,加油!"

奥维尔飞快地向前跑,头也不回。风筝越飞越高,附近放风筝的一群少年们,都惊异地望着奥维尔的风筝。

"好厉害!"

"加油,别输给奥维尔。"

有一个少年,希望自己的风筝能飞得更高,以便超过奥维尔,不料,一阵强风吹来,风筝在空中打了一个转,便掉了下来。

"强尼,你的风筝尾巴被风吹掉了,所以才会掉下来。"威尔伯以行家的口吻指出它的缺点。

一群少年,在夜色苍茫中才各自回家。

威尔伯的风筝都是自己制作的。他弄来许多竹子,先把它削得细细的,然后扎成各种形状,再糊上一层

为人类安上翅膀的人 **莱特兄弟**

→ 莱特兄弟小时候爱放风筝

纸。威尔伯还在纸上画上星条旗或各种鸟类图案,并涂上颜色,既别致又比别人的风筝飞得更高。

有一天,奥维尔问道:"哥哥,为什么我们的风筝会飞得那么高,别人的都赶不上我们的呢?"

"我想是因为竹篾细,体重较轻的缘故。"

奥维尔进一步问道:"可是,风筝在逆风的时候被吹成弓形,反而上升得更快,这是什么道理呢?"

"这个?我也搞不清楚。"

威尔伯毕竟年龄还小,他不懂得曲面比平面更具浮力的原理。他虽然不懂原理,但他制作的风筝,却比谁的都好,不但美观而且飞得高又很耐用。所以每当春季来临时,邻近的许多少年都来请教他,他干脆就制作了各种各样的风筝出售,一个春季可赚到不少零用钱。

有一天,威尔伯和奥维尔放完风筝,因为天色尚早,他俩也很累了,就躺在草地上休息,原野上绿草如茵，春风拂面，令人舒适无比。

威尔伯仰望天空，看到有两只老鹰拍着翅膀在空中自由地飞翔。

"假如我们能像老鹰那样在天空中飞来飞去那该多好啊！"威尔伯对躺在身边的弟弟说。

"人也能像鸟一样在天空中飞吗？"奥维尔对哥哥会有这种奇怪的想法而惊讶，不禁反问一句。

"假如我们身上也装上一对翅膀，不就可以像鸟一样飞起来了吗？"威尔伯解释道。

这对富于幻想天性的小哥俩，梦想着有一天自己身上能生出翅膀，在天空中翱翔……

吃晚饭时，奥维尔把三哥威尔伯的想法告诉了大家，引起了路易和罗林的大笑。"人怎么能飞上天呢？简直是幻想！"路易断然地予以否定。

"鸟有翅膀，所以才能飞，人的身体这么重，即使装上翅膀，也飞不上去啊！"罗林附和着说。

倒是母亲非常理解威尔伯，她知道，威尔伯从小就喜欢各种机械，又富于幻想。虽然想飞上天空的想法似乎有点荒谬，不过威尔伯的想法不无道理。牛顿发现了万有引力、瓦特发明蒸汽机、哈格里夫斯发明纺纱机都是先有幻想，然后才出现发明成果的嘛！母亲阻止了路易和罗林对威尔伯的讽刺和嘲笑，威尔伯

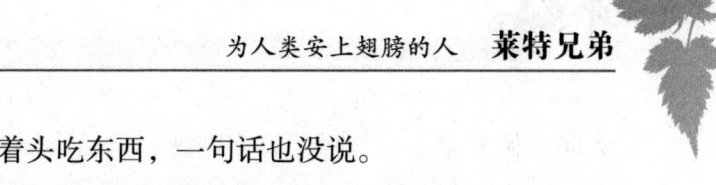

只是低着头吃东西,一句话也没说。

秋天是孩子们最喜欢的季节。在收获的季节里,各种各样的瓜果可以饱餐一番。威尔伯和奥维尔兄弟俩尽情地享受这收获的喜悦。他们在玩耍时拣来了许多熟透掉落在地上的胡桃和橡子。回到家里,他们把胡桃、橡子分别排列起来。脑筋灵活的奥维尔说:"哥哥,我们能不能将这些硬壳的果实,做成有趣的玩具呢?"

听到弟弟这么一说,威尔伯深思了一会儿,突然转身往仓库奔去,边跑边对弟弟说:"你等着,我去拿工具。"

不一会儿,威尔伯手里提着他的小工具箱来了。"喏!你看,我用一根铁钉钉在上面,不就成了一个陀螺了吗?"威尔伯边说边拿起一个橡子,比画给奥维尔看。陀螺很快就做好了并交给奥维尔说:"你试试看。"

奥维尔接过哥哥自制的玩具,手指捏住钉子,用力旋转往地下一放,陀螺只转了几圈就倒了下来。

威尔伯见状,若有所悟地说:"我知道了,陀螺的上部都是平的,我应该把它削平才对。"随即,他又选了一个较大的形状好的橡子,先用小刀将上端削平,然后再钉上钉子,改良的陀螺完成了,他又交到奥维尔手上,让他去试转。

这一次,果然转得又快又稳,弟兄俩高兴得拍手大叫。俩兄弟一口气做了许多陀螺,送给小朋友们。

在冬季来临之前,威尔伯和奥维尔还制作了一个轰动附近村落的雪橇。先是威尔伯设计了一个简单的图样,然后他们到卡莫基先生那里要来了一些废料,就动手制作起来。他们制作的雪橇可以自由转向,在雪地上滑行时,能够按照操作者的意向滑行。

这个雪橇的制作,引来了人们羡慕的眼光。邻居们都知道这俩兄弟中的哥哥心灵手巧,喜欢搞创造发明;弟弟思绪敏捷,也喜欢自己动手制作东西。这哥俩无论做什么事都互相帮助、亲密合作。

听到邻居们的夸奖,母亲心里非常高兴。母亲把邻居们的夸赞告诉了丈夫密尔顿,密尔顿听了,微笑着说:"这两个孩子都对机械感兴趣,最难得的是他俩在一起时,始终合作无间,因此才能制作出那些精巧的玩具。"

"是啊!我也是这么想,这两个小家伙一有空,就躲在仓库里东搞西搞,不知道能不能搞出点什么名堂来。""我们应该随他们的兴趣去发展,不要太限制他们。不管有没有什么成就,反正不会有什么害处。"

母亲乘机要求丈夫允许两个孩子使用家中的木工工具。密尔顿平时也喜欢自己动手做些简单的木工活,这套工具是他的宝贝,一直保存很好,不肯让人轻易动用。为了让两个孩子搞发明，密尔顿同意了妻子的要求。

由于父亲答应把木工工具让他们使用，兄弟俩一心想做出一件产品来。他们看中了卡莫基先生店门口那辆不能使用的破旧手推车。

一天早晨，兄弟二人冒着寒冷来到卡莫基先生的店里。卡莫基先生看到这对兄弟，猜想又是来看他修机器的，但两个孩子说，他们不是来看修机器的。卡莫基先生疑惑不解了。最后，还是威尔伯向卡莫基先生讲明了他们的心思，并说："叔叔，您放在门口的那辆车子，能不能卖给我们？""我们想把它修好来用。"奥维尔补充着。

卡莫基先生听说他们是要自己动手修车时，脸上露出惊讶的表情，随即笑呵呵地说："听说你们的祖父，就是一位制造货车的高手，没想到你们小小的年纪，竟也有一套。前些日子我看到你们制作的雪橇，可以任意转换方向，真是方便极了，起先我还不相信是你们两个小兄弟做的呢！你们的手艺确实不错，很多成年人都赶不上你们呢！"

卡莫基先生决意把这辆破旧的车子送给这两个孩子，威尔伯坚持不肯白拿别人的东西。最后，他们说好，车子由两兄弟推回去，修好后，两兄弟每周六下

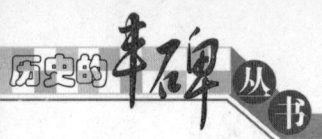

像雄鹰在天空中飞翔是小莱特兄弟的梦想

午和周日到镇上替卡莫基先生收集别人不要的坏机器，卡莫基将这些坏机器修好后，可以再到乡下转卖。至于购买旧车的钱就不用付了。

两兄弟兴高采烈地把那辆破车推回家去。以后几天里，莱特家的后院里传来了铁锤敲打的声音。两兄弟把那辆旧车子的轮子卸下，然后将锯好的木板钉成一个没有盖的大箱子，加上一个坚固的把手，最后把车轮装在大箱子的两侧，就这样，一辆坚固、耐用的运货车改装成了。兄弟二人非常欣赏自己的杰作。奥维尔说："再怎么笨重的东西都可以运载，以后我们可以利用它帮妈妈做很多事了。""当然！不是我们自吹自擂，我们这里恐怕找不出比它更好的运货车了。"威尔伯自豪地说。

看了他们制作的运货车，父亲赞叹不已，母亲更是高兴得热泪盈眶。以后代顿的大街上，经常出现推着运货车的两兄弟身影。

为人类安上翅膀的人　**莱特兄弟**

威尔伯和奥维尔推着他们的"杰作",一边走,一边吆喝着:"收废铜烂铁!""损坏的或是不要的机器请拿出来。"不到半天,已经收了满满一车的旧东西。

兄弟二人吃力地推着满载的车子抵达卡莫基先生的店门口,卡莫基先生像是发现了什么新鲜事物似的,"啊!真了不起!这辆车子被你们改装得这么坚固,真没想到!快,先到后面去擦把脸,把手洗干净。"

卡莫基先生张罗两个孩子吃了点东西,站在车旁仔仔细细地上下左右打量着两兄弟的"杰作。"

"嗯,做得确实很好,要不是我亲眼所见,可不相信是你们两个孩子做出来的呢!我现在替你们在车轴上涂点油,这样走起来就更灵活、更轻便,懂吗?"

"谢谢您!叔叔。""叔叔,我们回去了,下次再来帮您运货。再见!"

望着渐渐远去的两兄弟,卡莫基先生为他们的动手动脑能力而感叹不已。

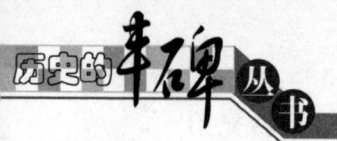

成长中的两兄弟

非常的境遇方可显出非常的气节。
——莎士比亚

威尔伯和奥维尔这对富于幻想又勤于动手的小兄弟在不断的进取中成长。

威尔伯和奥维尔两兄弟的父亲密尔顿·莱特身任牧师，经常在附近村落巡回传教，每次外出，都要好几天甚至数周方能回家。一次，母亲为了迎接父亲，正忙着张罗，奥维尔则跟在母亲的身边转来转去。

"咦！威尔伯呢？叫他去给我买点糖回来。"母亲吩咐奥维尔说。

"我看他很早就出门了，不知道到什么地方去了。"奥维尔如实回答。

"这孩子，真是！好吧，那么，你去给我买点糖回来。"

奥维尔接过钱，转身而去。

在路上，他遇到邻居的小朋友爱德。

为人类安上翅膀的人 **莱特兄弟**

"奥维尔你上哪去?"爱德兴高采烈地问道。

"妈妈叫我去买糖,因为我爸爸就快回家了。"

"听说卡莫基叔叔家有一个很有趣的机器,我想去看看。"

"好哇!我也要去。"奥维尔听说有趣的机器立刻想跟着去看个究竟,暂时把买糖的事丢在一边。

爱德和奥维尔走进店门,喊了一声"卡莫基叔叔",即往堆放机械的屋子里跑。就这样,两个孩子流连忘返地东看看,西摸摸,转眼快到中午了。

母亲正在担心。忽然大门推开,丈夫回来了。苏珊用围裙擦干双手,接过丈夫的皮包。这时候,威尔伯和奥维尔才相继回来。他们自知理亏,就战战兢兢地站在一旁。父亲却在语气中充满了慈爱和关切。

威尔伯首先承认说:"安娜婶婶家的缝纫机出了故障,踩起来老是嘎嘎作响,我设法找出毛病,把它给修好了。"

← 莱特兄弟雕像

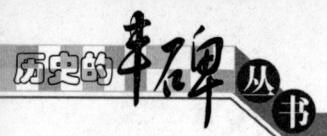

奥维尔说:"我在卡莫基叔叔家,看到许多有趣的机器,我看到了不少新奇的东西。卡莫基叔叔正忙着修理,我在一旁注意着他的动作。一晃中午过去了,就忘记了买糖的事,真对不起。"

小小年纪的奥维尔倒能勇于认错,连声赔不是。

1878年由于莱特兄弟的父亲密尔顿·莱特牧师一年到头往来于附近的村镇传教,因此莱特一家人暂时随父亲搬到艾奥瓦州的塞达·雷比兹去。这年,威尔伯已经11岁,小奥维尔也7岁了。他们在当地结交了不少新的朋友,放学回家后,经常在一起玩。由于莱特家经常迁移,居住不固定,对孩子们的学习有很大影响,因为各学校的课程多少有些差异,所以每搬一次家,孩子们都得应付新课程,以致学业逐渐退步,而把精神和注意力都放在新奇的事物上了。

有一天,邻居的孩子吉姆跑来找他们玩。

"威尔伯,我们去采野菇好吗?"

"好啊,连下了好几天的雨,真闷得慌,今天好不容易才放晴,我们走吧。"威尔伯兴奋地应着。

"我也要去。"每次都少不了奥维尔。

威尔伯和奥维尔两兄弟还带着爸爸给他们买来的纸蝴蝶。这只新奇的纸蝴蝶在蝴蝶的腹部安装了一个橡皮筋，只要转50次，下面的橡皮筋就会绕紧，然后手一松，蝴蝶就会飞起来了。两兄弟自从得到这个纸蝴蝶就一直在琢磨着其中的奥秘。小小的纸蝴蝶，只能飞几尺远，也不很高。假如把它放大了以后该怎样呢，会不会飞得更高更远？两兄弟这次出去也为展示一下自己的才能。

他们拿着一个比爸爸买的大上一倍的纸蝴蝶，和小朋友共同欣赏他们的"杰作"。

威尔伯聚精会神地绕紧橡皮筋，早把采蘑菇的事放在了脑后，只见他小手往空中一送，果然纸蝴蝶飞得差不多有树梢那么高，经过改装还可以转弯。

尽管如此，两兄弟还是想着一个问题——能不能

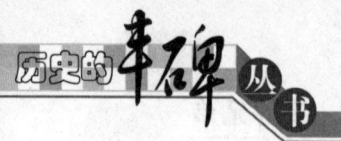

飞得更高更远……

莱特兄弟选用了更粗的竹篾，做成了一个更大的蝴蝶。他们二人在后院里试飞，结果令人失望，只见大蝴蝶飞起来之后，并没有上升反而"啪"的一声栽了下来。

两个人研究了半天，奥维尔认为是蝴蝶的翅膀不够大，威尔伯则主张再多加长橡皮筋，以加强它的力量。两人根据自己的判断，改进了大蝴蝶：翅膀加大了，橡皮筋也增加了，可是试飞的结果，仍然是失败。

兄弟二人去向父亲请教。父亲对他们制作出如此精美的玩具夸赞不已。关于不能飞行的问题，父亲解释说："小小的蝴蝶，可以借助橡皮筋的力量飞上天空。现在你们做的蝴蝶体积太大，又那么重，单靠橡皮筋的力量怎么行呢？"对于父亲的这一番解释，兄弟二人没有完全理解，但渴望在天空中飞行，倒成为他们以后经常交谈的话题。

他们经常在一起观察翱翔在天空的飞鸟，只见它张着翅膀，一动不动地滑翔，威尔伯心里颇为纳闷，就问弟弟："你瞧，那只鸟的翅膀并没有拍动，可是却掉不下来，它是靠什么力量飞行呢？"

一向善于观察，头脑聪颖的奥维尔说："我想，可能是因为它的翅膀是曲线的关系，所以能在空中停

为人类安上翅膀的人　**莱特兄弟**

留。"

他们的大哥,看他们躺在草地上,观察鸟儿飞翔那么入迷,曾取笑说:"我看你们也恨不得生出一对翅膀飞到天空中去,才会觉得痛快。"

大哥的玩笑话,的确就是威尔伯和奥维尔心中的幻想。奥维尔曾对威尔伯说起过他的飞行梦想。那是在一次观察鸟儿飞行时,奥维尔说:"假如那只鸟,大到可以让我骑在它的背上,我手握缰绳以控制方向,想到哪儿去就到哪儿去,那该多痛快!"

威尔伯说:"我认为你骑在它的身上,还不如躺在它身上好,因为你坐着的时候上身顶着风,躺下来以后,才能飞得比较快一点。"

兄弟二人做着他们飞行的梦幻。威尔伯和奥维尔

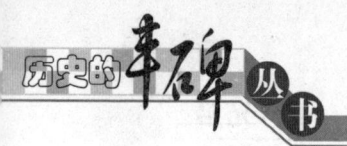

一心想制作一个体积较大，重量较重的蝴蝶或鸟儿，让它能够飞上天空。但是制作蝴蝶的材料，都得花钱去买。他们父亲挣得薪水只够养家糊口，没有余钱供他们做实验。他们就商量着不再吃零食，把零用钱存起来，再利用星期天、假日帮人家打工。

奥维尔最早挣钱的办法之一是在附近的街上、庭院里搜集人们丢弃的骨头，将它们卖给一家磷肥厂。第一次拾骨头是与辛斯一起行动的，目的是想攒点钱买糖果在钓鱼的时候吃。他们捡到一大堆骨头，心里高兴极了，满以为这下会得到一笔数目可观的钱了，谁知买主只付给他3美分，这真叫他们吃惊不已呀。

到底是头脑灵活的奥维尔主意多，他对哥哥说："你记不记得从前外公曾经用胡桃枝做成一把剑和剑鞘呢？我们为何不也来做几把剑，然后把它们卖给小朋友们，就可以赚到不少钱。"

"好啊！附近的山上，胡桃树很多，长得又高又大，简直取之不尽，这真是一个好主意，我们说做就做，不必迟延。"

兄弟二人到仓库里取来斧、锯，兴高采烈地往小山丘去伐胡桃树枝。威尔伯腰带上插着斧和锯，敏捷地爬上树干，砍下一根树枝。不一会儿工夫，树枝就砍落了一大堆。哥俩捧着两大捆笔直的胡桃树枝回家

了。

第二天放学后,哥俩放下书包就跑到后院,他们把胡桃树枝排列整齐,较细的一端朝向一边,威尔伯告诉弟弟:"比较粗的一端要留下15公分做剑柄。"奥维尔就用小刀在15公分处刻上一圈,在每根树枝上都留下明显的标记。

接着哥俩把两捆树枝搬到一块大石头旁边,奥维尔握紧剑柄部分,威尔伯用铁锤在树枝上用力敲击,奥维尔将树枝不时地转动,以便将树枝的每个部分都敲松,使树皮脱落下来。

当树皮全部敲松以后,威尔伯拿起其中的一根,一手握着刀柄部分,另一只手从刀柄与刀身划分处向下一捋,这样,整个树皮就脱落下来了。

"你看,这是剑,这是剑鞘,刚好是一套。"威尔伯高兴地示范给弟弟看。奥维尔对哥哥钦佩不已。

他们制作的木剑,每把卖5美分。消息传开之后,很快就被附近的小朋友们抢购一空,使他们获得了一笔小财富。

制作飞鸟的材料终于购置齐备。兄弟二人每天放学回到家中,帮助母亲忙完家务,就赶紧制作飞鸟。哥俩彼此帮忙,合作无间,几天之后,终于完成了一只缚有橡皮筋的大鸟儿。

在做飞鸟飞行试验时。出师不利,鸟刚飞了一会,飞鸟就被树枝勾破了。莱特兄弟败兴而归。

1882年,密尔顿·莱特的职务有了变动,莱特一家又搬到了印第安纳州的里奇蒙特。

不论搬到什么地方,威尔伯和奥维尔两兄弟永远受人们的欢迎。因为兄弟俩聪明好学、活泼,又能吃苦耐劳。这时候,哥哥威尔伯已经15岁,弟弟奥维尔也有11岁了。

当哥俩积攒了一些钱以后,总是想到先去购买各种材料,尝试制作不同的玩具。也只有这个时候,小哥俩最为快乐。

1883年夏季的一天,威尔伯从杂志上看到一段关于匣形风筝的报道。

匣形风筝的发明人,名叫郝哥莱伯,1805年出生

为人类安上翅膀的人　**莱特兄弟**

在英国,后来在澳洲当一名技师,他是首先研究巨型风筝的人,他的研究报告,就在这个时候,刊登在杂志上。威尔伯看到之后,引起了极大的兴趣。

威尔伯立刻把这件事告诉了奥维尔。

两个小兄弟从此开始试做匣形风筝。但是两兄弟知道,虽然他们曾靠风筝的力量把花炮带上了天空,但是如果没有风,风筝就升不上去。而匣形风筝是用两个灯笼鸢合起来的,即使风力微弱,也能升得很高。

两兄弟准备制作匣形风筝,他们设法备齐各种各样的材料。威尔伯用量尺、三角板等工具绘制图案,经过几天的忙碌,两兄弟终于制成一架匣形风筝。

哥俩制作匣形风筝的事都是在秘密中进行的。

兄弟俩选定一个闷热的晚上,悄悄地把支干上糊

有磷光纸条的匣形风筝送上了天空。

果然如两兄弟所料,虽然没有风,但这个风筝却能升得很高。

里奇蒙特的夏日,天气非常闷热,人们都喜欢到野外去乘凉,三五成群地躺在草地上聊天。

忽然间,有一个人惊奇地叫起来:"你们看,那天空亮亮的是什么东西?"

大家聚精会神地顺着他手指的方向望去,果然见到了一条发出青白色光芒的东西,在天空中晃来晃去。

"是妖怪!"

"是鬼火!"

这么一嚷嚷,有些胆小的,赶快起身,跟跟跄跄地往家奔。

消息很快传遍了里奇蒙特全镇,孩子们吓得惊哭不已,大人们也像是灾祸即将来临的样子惊骇万分。

由于接连好几天夜晚都有出现,使得谣言越传越远,描述得越来越玄,就连当地报纸也连篇累牍地把目击者的证言,不厌其详地刊登出来。

在暗中搞恶作剧的两个小家伙,表面上不动声色,心中却暗暗窃喜。

两兄弟的父亲密尔顿·莱特这时已经身为主教,他认为世上哪有什么妖魔鬼怪,他职责所在,想要查

为人类安上翅膀的人　**莱特兄弟**

个究竟。

一天晚上,他发现两个儿子都不在家,心中已明白了七八分。他独自一人走向郊外,远远看见威尔伯和奥维尔正在交谈。哥哥说:"明天把花炮带上去放,再把他们吓一下。"

"好啊!看到他们那种害怕的样子,真是有趣。"

两兄弟哪会知道,此刻他们的父亲正在蹑手蹑脚地紧跟在他们的身后。

密尔顿·莱特认为两个孩子的聪明,固然可喜,但以吓唬别人取乐,太不应该。

他心里想着也让兄弟俩尝尝被吓唬的滋味。

他加快了脚步,快要接近他俩时,出其不意地轻喝一声："你们在搞什么鬼？"

一听是父亲的声音，两个小家伙可真的吓着了，嘴里想说话却迸不出一个字来。两腿虽然想逃跑，却一点也动弹不得。只是定定地呆若木鸡，站在那儿等待发落。

回到家后，父亲严肃地把莱特兄弟叫到书房去，说："你们俩头脑聪明，手艺精巧，确实超人一等，我也很高兴。不过，运用聪明有三种情况，我得一一分析给你们听。第一种是把自己的聪明才智用在为人服务上，这是利他行为，最值得鼓励；其次是用来使自己获得荣誉、名声和利益，这是利己行为，不过这总算还说得过去；最要不得的是：靠自己的小聪明去伤害他人，看到别人被骗、受惊而暗自窃喜，这种愚弄人而取乐的行为，绝对不可原谅。"

其实，莱特兄弟，生性也很淳朴、善良，只是年纪还小，而且头脑灵活聪明，活泼顽皮，并不懂得什么是伤害别人的一套道理。现在听了父亲的训诫后，小小心灵中对什么是对、什么是错，有了明确的概念。

在父亲的谆谆教诲下，莱特兄弟健康快乐地成长起来。

为人类安上翅膀的人　**莱特兄弟**

学校生涯

　　智慧不是学校教育的结果，而是终生追求的结果。
　　——莎士比亚
　　一切发明创造都不是靠别人教会的，而是靠自己想象，自己做，去不断取得进步。
　　——华罗庚

　　奥维尔在学校的生涯中还其显示了其他方面的才能。他对老师还没有教的课程有着极强烈的好奇心，他有着足够的智力去学好它们。8岁的奥维尔对父亲说他对现在正在学习的二年级课程已经厌倦了，他想自己学习三年级的课本。

　　那以后不久的一个上午，也就是在这个学年的中期，校长走进了奥维尔所在的班。他宣布说谁能够熟练地朗读二年级的全部课文，谁就能立刻升级，不必等到学期结束就开始上三年级的课。老师选了好些成绩优秀的学生进行测验。就像通常那样，他们听到呼唤自己的名字，便一个个地到老师那儿朗读课文。奥维尔很紧张,生怕不能充分发挥自己的水平。事后同学告诉他,他当时把书都拿颠倒了,这使他大为惊恐。尽管如此,奥维尔还是准确地读完了所有的课文,因为他早已把课文熟记在脑子里了。他终于跳了一级。

"我现在是三年级的学生了。"中午奥维尔一回到家就自豪地宣称道。

"呵,这真是巧极了,"父亲说,"就在今天上午,我为你买了你想要的三年级的课本。不过今天下午你们要向学校请个假,我准备带你和威尔伯到照相馆去照相。"于是,这张照片在奥维尔眼中就成了他一生中那个重要事件的纪念品了。

在学校中奥维尔通过组建一支"军队"也显示出他的才能。一天下午,学校里的学生还在上课,唯独奥维尔那个年级的学生放了学。奥维尔忽然产生了一个奇想:在那些继续上课的班级外面列队行进,向教室的窗户扔石头,嘲笑那些一本正经地

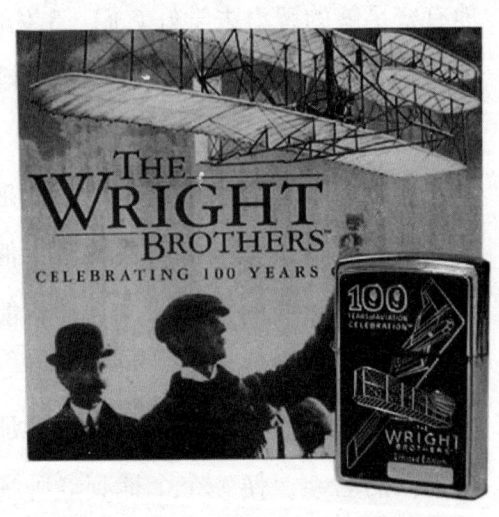

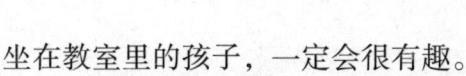

坐在教室里的孩子，一定会很有趣。

他的想法得到了朋友伯特·沙弗的支持，于是他向班上另外12个男孩子提议：他们应该组成一支军队，凡事要有组织的行动，而不要个人单独活动。由于提出了这个建议，曾经读过一些拿破仑故事的奥维尔理所当然地做了将军。军队里还得要有上校和上尉呀。事实上，他们把他们所知道的一切军衔的名称都用上了。没有枪支，他们不得不用木棍代替，这些木棍都是从学校外围松动的围篱里拔出来的尖桩。一切都进行得不错，直到有一天一位学校工友发现了他们的"违法"活动。工友开始追逐孩子们，很明显他是想让孩子们全都当俘虏。一个孩子在工友钻篱笆的时候向他那边扔了一块石头，才使他没有再继续追下去。孩子们逃到很远的一条小巷子里。"军队"里所有的"军人"都相信星期一早晨返校后，他们准会挨一顿批评。

"我们不会有事的。"心里七上八下的奥维尔对他们说道。作为一名指挥官，他要鼓起"军队"的士气，"只要我们抱成一团，他们就不能把我们怎么样"。

奥维尔爬上巷子里的一个大木箱上，提出了要大家做到的事项。他说老师很可能会叫工友认出来的两三个孩子站起来，并且会在放学后留他们在校。要是老师叫他们中的一个人留校，那么大家都不要回去，

要表现出大家是团结一心的。"大家为一人,一人为大家。"小奥维尔引证了一句名言。

第二个星期,他们全都返校后,老师并没有说过一句暗示要对孩子们进行惩罚的话。可是在下午放学后,她忽然叫奥维尔留下来。按照约定,"军队"里的其他成员都留在了自己的座位上,眼巴巴地望着老师,每人的心弦都绷得紧紧的,都能清楚地听到自己的心跳得咚咚作响。

"奥维尔,你到讲台来!"老师的脸有点严肃。奥维尔的脸涨红了,一步一回头地向老师的讲台走去。这时其他的"军队成员"也不约而同地离开座位,向老师走去。

"其他的人都坐下!"老师下命令了,"我不明白你们为什么还待在这儿,现在放学回家!"老师既然这

为人类安上翅膀的人 **莱特兄弟**

样说了,其他的人也只好乖乖地坐下了。

奥维尔走到讲台旁时,老师说:"你讲过你能在下个星期五排练时准备一首歌。"接着她非常友好地谈到在即将到来的学校文娱节目会演中奥维尔的演出任务。

看起来,老师并不知道他们的"军队"在校园里无法无天的行径,也可能是那个工友因为自己没有逮住"逃犯",感到难堪而没有把那件事向校方告发吧。

1884年6月,莱特主教的工作又迁回代顿市,他们全家又再一次搬回了老家,搬回了早先在霍索恩街买下的那座有七个房间的简朴房屋里。这时老大路易和老二罗林早从代顿市高中毕业,到印第安纳州上大

科学家卷 031

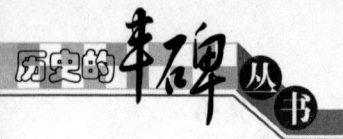

学去了。

莱特全家如果再晚几天回代顿市的话，威尔伯就可以从里奇蒙特的中学毕业，与全班同学一起参加毕业典礼，拿到一张中学毕业文凭。可是威尔伯却认为中学毕业文凭本身的重要性不能与回代顿市同日而语。威尔伯的毅然决定引起了全家人的讨论，父母十分尊重自己儿子的个人意见，也认为接受文凭只是一个庆祝仪式，它绝不会比你受过真正的教育更重要。

第二年威尔伯决定在代顿市的中学学一门特殊的课程。他尤其希望继续学习希腊语和三角学。

奥维尔在里奇蒙特上到六年级，眼看快毕业，可是在期末结束前的一两个星期，他在班上搞了一个小小的恶作剧，被已激怒的老师邦德小姐开除了。她扬言，假如奥维尔的父母不亲自带着孩子来学校向她赔礼道歉、认识错误的话，那他就永远别想再回学校了。

可当时父亲还在外地忙碌着教会工作，母亲又忙于包扎家具，准备搬家，结果抽不出空去学校会见老师，将奥维尔的事耽搁了。奥维尔只好闷闷不乐地在家里帮助体弱多病的母亲做着搬家前的准备工作。

当奥维尔随全家回到代顿市，准备进入一所学校时，他没有证书证明他已经学完6年的课程。学校让他留在六年级再读一年，遭到了奥维尔极其强烈的反对，老师不得不同意让他在七年级试读，看他到底能不能跟上。谁知，在那一年的末尾，奥维尔以代顿市最高的数学分数进入了八年级。

奥维尔进入八年级后，教语法的老师詹宁斯小姐竟然认定他是个顽皮的孩子，指定他坐在教室座位的前排。

第二年，詹宁斯小姐又当奥维尔的代数老师，依然让他坐前排，好随时监视他的行动。当时奥维尔老坐第一排座位成了全家人说俏皮话的话题。

在中学时，一次奥维尔在黑板上算出了一道几何难题。但他的老师威尔逊小姐指责他没有完全按照课本的要求去解题，尽管他的答案是对的，还是不能给分。

"我是从另一本书《温特沃思几何学》那里学到的这种解题方法。"奥维尔不服气地辩解道,"我自己从温特沃思那儿学到了许多有用的东西。"

威尔逊小姐不但没有赞扬他有兴趣从别的书本上学习知识,反而责怪他不该把"美好的科学"说成是"东西"。奥维尔心安理得地在餐桌上与家人谈论着这一类学习生活中的插曲。他知道他是不会挨骂的,因为他的父母对有发明创造能力的孩子是很喜爱的,尤其鼓励孩子独立思考问题,扎扎实实地学习科技知识。

为人类安上翅膀的人　**莱特兄弟**

创业

>　　世界荣誉的桂冠，都是用荆棘编织而成的。
>
>　　　　　　　　　　——贾赖

　　威尔伯已经是高中生了，密尔顿主教的年薪仅1 500元，只能够维持家用。要想积存一笔钱让威尔伯和奥维尔进大学，还显得有点力不从心。

　　不过，做父亲的并不悲观，他知道孩子们能够为他分忧。这期间，威尔伯和奥维尔经常到卡莫基叔叔那里去弄来一些破旧轮胎、机器、车辆等，然后利用自己的机械技巧，把这些废料制成各种用具。例如大大小小的自行车、各式车床，以及其他一些简单的用具等。这些东西多半是由奥维尔出主意，威尔伯根据弟弟的构想画出图样，然后按图制造或改装的。两兄弟把这些成品，以低廉的价格卖出去。尽管他们谨记父亲的训示，不以获得暴利为目的，不过，还是积攒了不少的钱。

　　1886年，威尔伯就要高中毕业了。不料，事出意

科学家卷　035

外，威尔伯在高中毕业前受了重伤，上大学的美梦破灭了。

事情是这样的。威尔伯是曲棍球队的选手，在一次比赛中，由于竞争激烈，对方一位球员不慎失手把球打到威尔伯脸上，把威尔伯的牙齿打掉了8颗，鼻孔鲜血直流。由于伤势严重，短期内不能康复。

为了养伤，威尔伯只好休学在家。另外一件不幸的事也接踵而来，两兄弟的母亲患上了肺结核病。威尔伯不得不服侍病弱的母亲。为了使母亲更好地休养，威尔伯还同奥维尔一起在后院为母亲盖了一个阳光充足、空气新鲜的走廊，并在走廊两侧种了许多花卉。为了给母亲治病，花光了家里多年的积蓄。威尔伯和

为人类安上翅膀的人　莱特兄弟

奥维尔两兄弟开始思量着挣些钱替父亲分忧。

有一天,奥维尔忽发奇想,他和威尔伯商量说:"哥哥,我们来办一份报纸好不好?"

"办报纸?"这倒使威尔伯有点吃惊,一脸疑惑地问道。

"我在学校里负责编辑校刊,每周出刊一次,在这方面,我已经有了一些经验,所以,我想办一份报纸,哥哥,你赞成不?"奥维尔解释说。

"可是办一份报纸至少要有一部印刷机才行啊!"威尔伯说。

于是,莱特兄弟开始动手制作自己的印刷机。

不久,一架简陋的小型印刷机,在这对兄弟的手中完成了。说起来,真是简陋不堪,首先,他们捡来一块墓碑,又到卡莫基叔叔那里弄来一根铁滚轴。教会的印刷工厂,送他们一些旧铅字。他们先把滚轴和石板用砂纸磨光,把滚轴的两端各安一个杠杆,纸张平叠在石板上,只要排好铅字,滚轴涂上油墨,两兄弟各执滚轴一端的杠杆柄,转动起来,就可以印出字迹分明的报纸来了。他们给自己的报纸起名叫"代顿周报"。

莱特兄弟的母亲非常支持儿子印刷厂的工作,她在房子的楼上专门腾出一间房间作为印刷厂的厂址。

← 威尔伯·莱特雕像

过了一段时间，订货单越来越多，原先的小印刷机已经不能适应目前印刷业务的需求，奥维尔决心自己动手再制造一台更大的印刷机，以解燃眉之急。新机器的底基是他从一位大理石商人那儿买来的一块墓碑。在哥哥威尔伯的帮助下，新机器制造成功了。

这台新造的印刷机可以印刷11×16英寸版面的报纸。这样奥维尔就能够实现更大的印刷计划了。有一次，一张订货合同需要的活字超过了他手头已有的数量，可这难不倒他。他用完了所有的铅字后，工作还

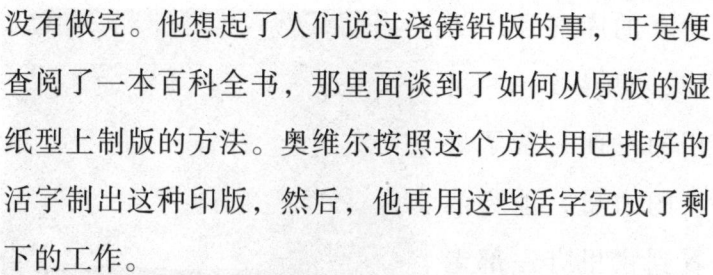

没有做完。他想起了人们说过浇铸铅版的事,于是便查阅了一本百科全书,那里面谈到了如何从原版的湿纸型上制版的方法。奥维尔按照这个方法用已排好的活字制出这种印版,然后,他再用这些活字完成了剩下的工作。

奥维尔满怀着要成为一个真正印刷师的雄心,用了两个暑假的时间到代顿市的一家印刷厂做工,注意研究别的印刷厂的工作流程,研究印刷机器的构造等等,每个星期在那儿做6小时以上的工。但是,他觉得最大的乐趣和满足莫过于用他自己造的印刷机来搞印刷。

1888年春天,当奥维尔快满17岁时,他又开始建造另一台更大的印刷机。他计划的这台新机器比以往的印刷机都要大。虽然他不知从何下手,可他决定要做的事就会干到底,任何困难都不会使他止步,因为他有兴趣制造它。

在莱特家的柴房里,有一大堆被砍成4英尺长的木材。奥维尔用这些木材做了许多框架,他还到贮木场买了几根较长的木料。在附近的垃圾站,他还收集了好些可以使用的钢铁边角材料。然而,使用什么方法将一种不大不小的力量均衡地把铅字压制到印刷平面上?他遇到了棘手的难题。他继续耐心地寻遍了自己家的库房和工具柜，想寻找一些可用的东西，费了好大的力量，他突然看到家里有一部老式的手推车。那部车子有一个可折叠的顶篷，使其不左不右，恰到好处。这正是他需要的。

奥维尔发现，这个工作比他所想象的要困难得多。威尔伯发现弟弟正遇到了棘手的难题，他便主动地提供帮助。威尔伯对那台印刷机的某些构造提出一些修改的建议，这些建议看来很奇特，违反当时所有的机械原理，一般人认为它们是不实用的、不能成立的。然而莱特兄弟按照自己创造的独特的机械原理，按照自己的机械草图制造出一部既大又新的印刷机。

由于大大改进了装置，机器工作起来既省力又节时，印刷厂越办越红火，名声也越来越大。渐渐地，这份半开大的小型报纸，成为代顿市民不可缺少的精神食粮。两兄弟把自己的聪颖禀赋和书本上学到的知

为人类安上翅膀的人 **莱特兄弟**

识,应用到实践中去,并能将知识与经验有机结合。他们不断改良自己的印刷机,提高自己的报纸的质量,报纸的销路逐渐变好,广告也增多了。这使两兄弟赚了不少的钱。

两兄弟自制的印刷机的那根铁滚轴实在太重,印刷起来十分吃力。他们利用自己丰富的机械知识进行改革,在滚轴一端装上一个踩板式的滑车装置,只要用脚一踩,滚轴就会自动滚动一次,使印刷更为省力。后来,他们又设计制作了更理想的印刷机,只要踩一次,滚筒就会从纸上滚过去,而且可以自动换纸,操作这台印刷机只要一个人就可以了。

威尔伯和奥维尔改进印刷机的消息,引起了"代顿邮报"印刷部主任的极大兴趣。他亲自光临小弟兄俩的报社,参观他们的印刷机。主任先生还对他们制

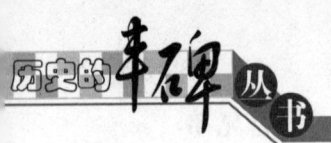

作的折叠报纸的简单机器大加赞赏。这是一个在平台两侧装置了两根木条，靠齿轮使滚木转动的简单装置。看着威尔伯的操作比人工折叠节省了不少时间，主任先生惊异地说："啊，原来如此！""代顿邮报"是当时的大报，却还没有这种自动折叠报纸的机器，难怪主任先生要啧啧称奇了。

报纸办了一年以后，奥维尔完成了高中的课程。在高中学业的最后一年里，他想，花那么多的时间复习课文是不必要的。于是，他在拉丁语班是一个特殊的学生，每天只去学校上一两个小时的课。假如他当初不曾有这种想法，他后来很可能会去报考大学并且具有进入大学的资格。奥维尔的两个大哥哥分别在艾奥瓦州和印第安纳州的大学里读过书，后来他们的小妹妹凯特在奥柏林上过大学，可是威尔伯和奥维尔放弃了上大学的想法。他们甚至连高中毕业的文凭也没有拿到。后来有人猜测说，"大学生活可能会毁了莱特兄弟"。在此，我们要说明奥维尔从来不同意这种看法，他不止一次地说过，如果他们具有受过大学教育的优势，毫无疑问，他们将更容易地完成他们的事业。

1889年7月4日，两兄弟的母亲苏珊离开了人间。母亲临终时，嘱咐威尔伯和奥维尔"一切要为民众服务，待人要诚挚，兄弟手足要相亲相爱"，母亲希望他

为人类安上翅膀的人 莱特兄弟

们要争气,力求上进。

母亲过世之后,威尔伯和奥维尔精神上顿失依靠,一度郁郁寡欢,悲痛万分。这时,大哥二哥都相继大学毕业,并各自成家立业了。莱特兄弟在这段冷清的日子里在家读了大量的书。家里的藏书分成两部分,一部分在楼上莱特主教的书房里,供全家人阅读的另一部分则放在楼下的起居室。父亲书房里几乎所有的书都是"非常严肃"的,可是威尔伯还是常常一头栽进了书堆。父亲对孩子的阅读是从不提要求的,楼下的那些书是莱特兄弟最喜欢的书,其中包括《华盛顿·欧文文集》、格利姆和安徒生的童话故事、普卢塔克的《列传》、一套《旁观者》、一套《阿狄生的散文集》、包斯威尔的《约翰逊的一生》、《华尔德·斯科特文集》、吉本的《罗马帝国的衰亡》、格林的《英国史》、吉佐的《法兰西》、几本纳撒尼尔·霍桑的著作、马雷的《动物机器》,还有一套《大英百科全书》和《钱伯斯百科全书》,前者是19世纪70年代末期的版本,而后者是刚出版不久的。威尔伯是最积极的读者,奥维尔也紧随其后,阅读了大量的书,他几乎从开始学会读书起就迷上了百科全书中的科技文章。

在1894年,自行车在美国仍然是一种珍贵的奢侈品,只有富豪人家才买得起新车,普通人家能拥有一辆半新的就很不错了。这时候的奥维尔更善于观察与思考问题了。他大胆地向威尔伯提出一个设想：自行车作为交通工具的时代即将来临，如果能开设一家自行车店，除了能卖车以外，同时也可替人修理旧车。

最初，两兄弟店里不卖新车，因为新车太贵，买得起的人不多。莱特兄弟就专卖半旧车，或者去收购破车来修理，然后便宜一点卖出去，生意一直很好。这时两兄弟把报社转让出去，以增加自行车店的资金。

与其说莱特兄弟为了赚钱，毋宁说基于兴趣，因为两兄弟自小就喜欢搞机械，这才是他们真正的专长。

当时的自行车，并不是某家工厂的流水作业的成品，例如车架、轴承、轮圈、坐垫、车胎等都是由各个工厂制作，最后加以配装而成。

莱特兄弟从一家旧货店买来一架半旧的车床，这是从事机械工作的基本设备，经过威尔伯的一番整理，这架车床像新的一样。莱特兄弟对制作的各种零件精益求精。就拿轴承来说，当时一般使用的都是金属套，但莱特兄弟却用昂贵的钢珠。他们的产品既坚固耐用又美观大方，深受

为人类安上翅膀的人　**莱特兄弟**

人们的好评。

"莱特兄弟自行车行"的第一批成品，定名为"克利夫号"，这是为纪念他们的一位祖先而命名的。

"克利夫号"除了美观、坚固以外，最大的特点是平稳安全，因为威尔伯精心设计了一种新式刹车，没有任何自行车赶得上。

人们一谈到自行车，往往跷起大拇指，夸莱特兄弟的产品。不久，他们的声誉就远近闻名了。

渐渐地，自行车店的生意开始兴隆起来。每天店门一开，从早到晚，那些购车的、修车的、参观的人络绎不绝，真是门庭若市。兄弟俩已感到，自己的劳动得到了回报，心里很满足。

威尔伯和奥维尔富于创造精神，他们喜欢自己制

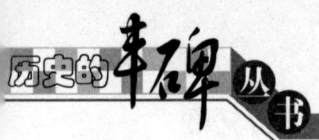

造各种工具、设计新颖零件。这些东西不仅用于自行车上，它的适用范围还包括轧棉机、缝纫机、打字机、割草机，甚至钟表、磅秤等，似乎是无所不包。

他们把这些成品陈列出来，产生轰动，因为这些东西早已超出自行车的范围，难怪代顿市的居民总是以羡慕的语气称这一对兄弟具有"一双魔手"。

有一次，莱特兄弟偶然买了一辆老式的高轮自行车。他们原来还有一辆同样的自行车，望着这两部大小一样的车，他俩琢磨开了，为什么不能把它们变成一辆有前后座的双人自行车，从而创造一种新的体育运动方式呢？尽管骑这么高的自行车是很危险的，可那也是够刺激的事！说干就干，他俩将两辆高轮自行车拆下来，重新改良、组装，为了防止连接两辆自行车的钢管弯曲和折断，他们在连接钢管的中间装一个铰接头。高轮双人自行车制成后，他俩又摸索驾驭这辆车的骑术，发现坐在后座上的人必须掌握特殊的技巧才能保持自行车驾驶起来既平稳又安全。这种技术同过去任何骑车技术都是不同的，而是有点儿像在一辆长消防车后部操纵的动作。尽管那看起来是相当容易的，可是除了莱特兄弟以外，只有一个人成功地学会了那门技术，那就是汤姆·索恩。

一天下午，奥维尔坐在车子的后座，让汤姆·索

为人类安上翅膀的人 **莱特兄弟**

恩坐在前座,当他们在泥泞的街道上试图绕过一个水坑时,汤姆转弯太急,把手钩住了他的腿,结果车子摔倒了,后座上的奥维尔用脚撑住了地面,可汤姆由于腿被钩住,头朝下猛地摔下来,等他从地上爬起来时,五官已无法辨认。

汤姆·索恩整个脸都被污泥糊住,十分可怕,以至于目睹这场不幸事件的男孩子们,没有一个感到好笑,他们都担心汤姆的脸受到了严重的损伤。可是奥维尔立刻就意识到那些稀泥巴一定会使汤姆免受摔伤,而他朋友的尊容就像他所见到的最可笑的事一样,让他捧腹大笑了好一阵子。这时,尽管汤姆并没有生气,可他一点儿也乐不起来。他只是呆呆地站在那儿试图用拇指把蒙住眼睛的污泥刮下来,结果是越弄越脏。奥维尔牵着他的手,到附近人家的抽水机那儿洗一洗,这样汤姆才得以洗去脸上大块大块的污泥。洗完后,他和奥维尔才把双人自行车弄回店铺。听到这件事的邻居们都笑了。他们问道:"莱特兄弟下一步又该干出什么事情来呢?"

就这样,莱特兄弟用自己的聪明才智把业务搞得蒸蒸日上,这为两兄弟以后实现他们飞上蓝天的幻想,奠定了基础。

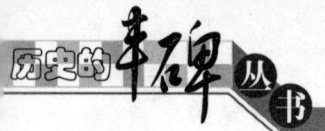

为人类安上翅膀的人　**莱特兄弟**

滑翔机的启示

> 万事开头难。
> ——谚语
> 我受不了这样的科学家，他拿起一块木板，寻找最薄的部位，在容易钻孔的地方钻上许多孔。
> ——爱因斯坦

莱特兄弟特别注重观察各种天气的信息，以便记录下风力和气流，因此在两兄弟经营业务的同时，一有空暇就到郊外的他们一向热衷的风筝。这是憧憬于飞行幻想的两兄弟最感兴趣的东西。

在这以前，莱特兄弟读过不少有关在天空飞翔的记载，例如希腊神话中，有一位名叫爱克罗斯的少年，想仿效鸟类飞行而在自己的背上粘了一对蜡制的翅膀，没想到用蜡黏合的地方，被太阳一晒便融化了，翅膀脱离了身体，爱克罗斯当场就摔死了。

几十年前，先后有3位英国人分别试想发明了滑翔机、飞行汽艇及飞机，但统统失败了。

自古以来，人类就幻想着要飞上天空，却始终没

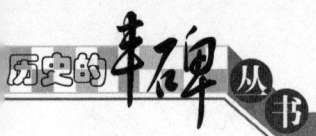

能实现,有些人甚至为此送了命。

但莱特兄弟并未因知道这些而放弃他们的憧憬,他俩仍然锲而不舍地研究、探讨、阅读各种科学书籍,并着手从事实验。放风筝就是其中一例。

威尔伯沉默寡言,性格坚毅,前次脸部重伤,他都能忍耐下去。奥维尔的个子较小,较易于激动,体格不如威尔伯。

由于工作太忙,过于劳累,这回,奥维尔病倒了。有一天,他发高烧,久久不退,经过医生诊断,确诊是伤寒,必须卧床休养,在热度没退以前不可以吃东西。

在外地念大学的妹妹凯特,听到了消息,特地赶回来照顾小哥。经过3周悉心调治,热度已退,但很衰弱,医生嘱咐仍需静养两三个月,才能复原。

威尔伯一有空就到病榻旁来看他,手足情深,令人感动。

有一天,威尔伯兴冲冲地捧着一叠报纸走到病榻前,告诉奥维尔说:"弟弟,我在报上读了一段令人鼓舞的消息,说是有一个德国人叫奥托·利林塔尔,他设计了一种滑翔机,人可以坐在上面从山坡滑下去,然后就在天空中滑翔,非常过瘾。"

"哦,真有这事!拿来我看看。"奥维尔兴奋地想坐起来。

威尔伯连忙制止他说:"医生嘱咐你要静养,你现在还不能乱动,让我来读给你听吧。"

于是,威尔伯就坐在床边,把报纸登载有关利林塔尔滑翔机的新闻,详详细细地读给奥维尔听。

凯特在一旁笑了说:"瞧你们俩,一谈到飞翔就高

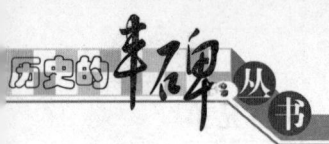

兴成那个样子，小哥似乎连自己的病都给忘记了。"

两个哥哥有点不好意思地傻笑不语。

等凯特走出房门之后，威尔伯低声告诉奥维尔说："为了收集更多的资料，我已经去信给华盛顿的蓝格勒教授，请他帮助。蓝格勒是美国著名的科学家，目前主持史密斯尼安研究所的工作，他也热爱此行，并很高兴能有志同道合的朋友，所以非常热心地寄来了许多这方面的文献和书籍，等你病好之后，咱们再慢慢研究。"

无限美好的远景呈现在眼前，奥维尔绽开了兴奋的笑容。他的健康很快就复原了。

这时候，传来一个令人惋惜的消息。据报载，1896年8月19日，利林塔尔从山坡上乘坐滑翔机起飞滑翔，不料，当他下降到15公尺的高度时，突然一阵强风袭来，连人带机跌落地面，当场机毁人亡。他的最后一句话是"必须做出牺牲"。

威尔伯兄弟读到这则新闻，一种无比的哀痛袭上心头。一来利林塔尔是德国人，德国是莱特母亲的祖国，他们具有一半的德国血统；二来，利林塔尔是热爱飞行的人，是他们的同行，所以，他们比别人更多一份哀伤。

这一对热衷于飞行的兄弟，感伤之余，仍不沮丧，

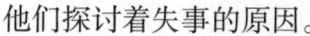

他们探讨着失事的原因。

威尔伯说:"利林塔尔自从设计出滑翔机以来,已经有200次以上的滑翔记录,照理说,他经验丰富,不该失事。"

"哥哥,是不是他设计的不够周详?"

"似乎不可能。"威尔伯回答说。

"哥哥,你记不记得有一本书谈到双翼平衡的原理?有一位飞行家就是坐在滑翔机上挪移身体,以保持机翼的平衡,不能完全听任风力的摆布。"精明的奥维尔牢记这一点,加以补充说明。

威尔伯若有所悟地站起身来,拿起一张纸,托得高高的,当他一放手,这张纸就忽起忽落,左旋右摆地慢慢落下去,并不直接掉在地面。奥维尔瞪着两眼注视着它,接着他也试验一次,他的结论是:这张纸像一匹野马,我们要设法驾驭它。

接下来,莱特兄弟开始收集有关飞翔的各种相关资料。

《动物的运动》是法国一位动物学家墨勒的著作,内容是有关人类和鸟类的骨骼组织,以及鸟类振翅起飞的各项动作的图解说明。威尔伯兄弟俩反复地阅读,一有空就到野外去观察鸟类的动作。

有一次,当一群鸿雁从头顶飞过时,他俩不顾一

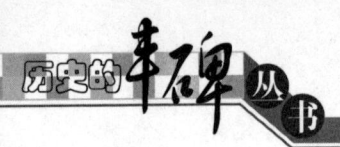

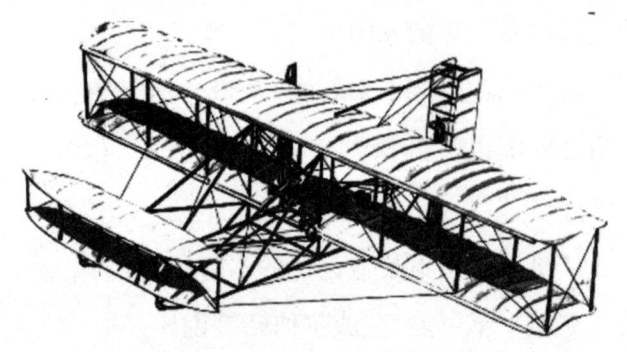

莱特兄弟制造的第一架飞机——"飞行者"1号

切地往外冲,使得那些顾客们大吃一惊,还以为是什么地方发生了火警呢!

他们不仅注意鸟类飞时的动作,更注意飞翔的情形。当强风袭来时,它们就兜一个圈子,并猛拍翅膀,如果风向只朝一个方向吹,它们就歇下来,平伸着翅膀,一动也不动,好不自在。

兄弟俩人也曾谈起过1506年文艺复兴时代的天才画家兼科学家列奥纳多·达·芬奇,他在纸上画了许多飞行器,有用脚踩使翅膀振动装置;也有类似降落伞的各种设计。他的飞行器,只不过是一种伟大的天才设想,根本没有实现。直到19世纪初叶的英国人乔治·凯莱详细地观察鸟类飞翔后,才制作了一架滑翔机。他的理论是:鸟类在空中做水平飞行时所受到的空气阻力,就成为支持鸟类在空中的浮力。

真正把这种原理拿来应用的是30年之后的另一位

为人类安上翅膀的人　莱特兄弟

英国人约翰·史托费罗,他曾经制作了一架单翼飞机,试飞的结果,只飞了40码就摔了下来。

此外,还有许多人利用蒸汽机,制造一种难以持久离地而飞的飞机,这种构想,根本就不切合实际。

威尔伯和奥维尔专心研究,并探讨前人的得失。他们手头有一本《1895年航空年鉴》,里面有一节专门讨论比空气重的机械,引起了他们极大的兴趣。随后他们又购得一本蓝格勒教授所著的《航空实验》,废寝忘食地苦读、研究,已经把自行车店这档子事放在了脑后。爱德几度提醒他们不要耽于这种劳而无功的幻想,但他俩置若罔闻。

此时利林塔尔已经去世两年,如果他知道后继有人也该含笑九泉了。

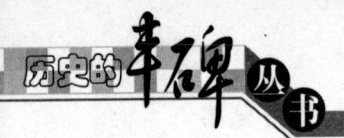

试飞成功

幸运喜欢照顾勇敢的人。
——达尔文

莱特兄弟并未因为别人的失败而气馁，他俩始终没有放弃对飞上天空的憧憬。

当时，自行车店的业务非常兴旺，两兄弟尽可能抽出空来，埋首于自己向往的事业。这时，他们设计的箱形风筝，已告完成。

某一个星期天，他俩利用公休日，带着那架奇形怪状的风筝走向郊外，路人都以好奇的眼光看着他们，不知道这两兄弟又在搞什么新花样。

草原上，微风习习，两兄弟内心有股说不出的兴奋，因为这个风筝是经过精心设计制造的。箱子两侧系了4根绳子，风筝上某些部分采用了自行车的零件，设计这种风筝的目的，是想知道浮在空中的物体，如何才能稳定地飞行，如何才可以自由地改变方向。

风筝升空了。威尔伯吩咐弟弟说："你把那条绳子

为人类安上翅膀的人　**莱特兄弟**

拉一拉,好,可以了。再放松一点。"

奥维尔依照哥哥的指示,将绳子放松或收紧,果然,风筝就上下左右移动,完全可以按自己的意愿去控制。

"啊!太好了!我们成功了!"奥维尔兴奋地大叫。

这时候,他们除了仔细阅读蓝格勒博士寄来的有关资料外,法国的一位名叫夏尼特的科学家也给予了他们很多的指导和协助。兄弟俩还经常总结前人失败的教训。

"利林塔尔花了好几年时间从事飞行研究,这种精神,实在可佩。不过,我认为,他用在实验上的时间却不够。试想,一个初学游泳的人,即使懂得不少

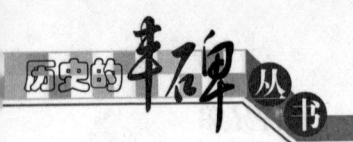

理论，但仅仅学了一点初步的游泳技术，就想在大河里游泳，怎么能不失败呢？所以，我认为，从事实验非常重要。"威尔伯表示了他的看法。

"不错，书上记载说，空中的气流是瞬息万变的，一座小山丘，一棵大树，甚至一幢房屋都会造成旋风，这些因素，都不能忽略。"奥维尔停顿了一下，又继续补充说道："哥哥，夏尼特发明的滑翔机是复翼式的，他这种设计，才比较安全可靠，上次毕迦失事遇难，就是因为他那架金属单翼折断了的缘故，我们应该记取这个教训。"

莱特兄弟的飞行常识，已经不亚于一般专家了。

1900年，威尔伯兄弟忙着制造一架理想的滑翔机。先是选购一些必需的木料，然后开始精心制作。他们参考了利林塔尔的计算，分毫不差地将木料锯断、刨平，将支柱用的木条予以刨光、削圆，然后钉合起来，最后覆上坚韧的布料，即使极小的部分也不忽视，以免影响安全，经过几个月的忙碌，这架完善的滑翔机完成了。

现在的问题是：飞行的地点。

他俩又去信给夏尼特，叙述了设计滑翔机的经过，就在何处试飞较为妥当等问题向他请教。

夏尼特立刻回了信，内容是说佛罗里达的松岛和加州的圣地亚哥,虽然海风稳定,但缺少可供滑翔的山丘,最后,他建议不妨在卡罗来纳或佐治亚州的大西洋岸找一合适的位置。

于是,他们向气象局征询资料,据气象资料显示,在北卡罗来纳州的基蒂霍克,合乎他们的要求。

兄弟俩人,立即将滑翔机分解装箱,搭乘火车进发南方。到达维吉尼亚州的诺福克,再换车经过一片沼泽地带到达伊丽莎白城,然后又转乘船只穿过阿比马海峡,经过洛亚诺克岛到达了基蒂霍克。这是1900年10月。

基蒂霍克是一个荒凉的小渔村,这里有一望无垠的沙滩,以及适于起飞的小丘,常年吹着强劲的海风,虽然地处偏僻,但对莱特兄弟来说,却很理想。

兄弟两个首先动手搭建一个木屋,然后把滑翔机重新组合起来。奥维尔兴奋不已地说:"哥哥,你瞧,这里是一片黄沙,树林、岩石、房屋等障碍物一概没有,即使摔下来也没什么了不起的。"

"别说泄气话!最好不要摔下来。这个地方,确实理想,我相信,我们一定能成功。"

这次,威尔伯和奥维尔设计的滑翔机,固然是以利林塔尔和夏尼特所制造的为蓝本,但又经过他们的一再改良,他们设计的机翼较为锐薄,以便承受气流

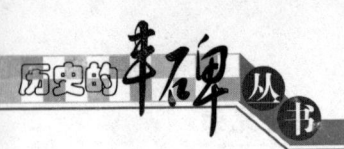

的不同变化，更能符合科学原理。此外，这架复翼机没有尾翼，只在前面加设了一个5至7度角的舵面，而且驾机者不是坐着而是俯伏在下层的机翼上操纵，这是为了减低阻力的缘故，他们早在当年雪橇及自行车修理中就已懂得了这个道理了。

哥俩经过反复检查，认为毫无问题，可以正式试飞了，这才松下一口气，准备迎接第二天的来临。

翌晨，是一个晴朗的好天气，兄弟俩人饱餐了一顿，拖着滑翔机走到广阔的沙滩上。当时的风速是每秒6公尺，按照公式计算，对风做3度倾斜的机身，应该可以顺利地滑翔而飘浮在天空。

威尔伯首先上机，俯伏在下层机翼的中央。"风来了！"

"好，开始！"

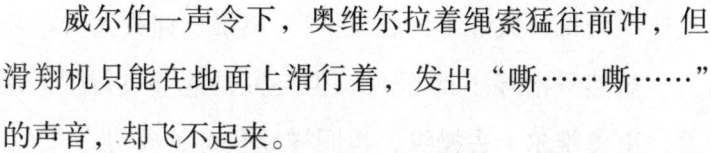

威尔伯一声令下,奥维尔拉着绳索猛往前冲,但滑翔机只能在地面上滑行着,发出"嘶……嘶……"的声音,却飞不起来。

奥维尔满头大汗地走回来,和哥哥一起研究不能起飞的原因。

"奇怪!根据利林塔尔的公式计算,以这样的翼面,在6公尺的风速下,载人滑翔应该是没有问题的啊!奥维尔,现在由你来操作,再试一次看看。"

于是,换上奥维尔俯伏在下层机翼上,由威尔伯拉着滑行,拖了很长的一段距离,依然没有腾飞。

两人垂头丧气地坐在沙滩上,一面擦汗休息,一面思考其原因所在。

休息了半天,威尔伯站起来,走近机身,上下左右地端详,实在找不出什么毛病,他下意识地走向机身前端,捡起了绳索,轻轻地往前拉并跑了几步,没想到,在没有载人的情况下,滑翔机却缓缓地有上升的趋势。威尔伯心里已经有了八九成的把握。

到了第三天,风速是8公尺,威尔伯满怀信心地再度爬上机身,叫奥维尔拉着绳索往前冲,27平方公尺的机翼轻飘飘地浮起来了,威尔伯小心地操纵着,但见机身离地2.5公尺左右向前滑行,沙滩急速地往后退。

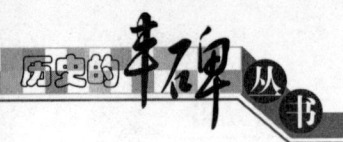

"哥哥,太好了!起飞了!"奥维尔仰头大叫。

虽然只滑翔了30公尺,但终究是能够飞行了。接着,由奥维尔上去操纵,也同样地获得了成功。

当晚,两兄弟在饭后休息时,进行总结,威尔伯说:"依照公式所示,机翼的浮力,是跟面积、角度以及风速成比例的。前天的风力只有6公尺,角度是3度,还不足产生连机载人的浮力故不能升空。后来,我拉着不载人的空机,它不是立即有上升的趋势吗?这个关键被我们找出来了,真令人兴奋!"

他们两人在这偏僻的渔村,反复做了将近一个月的试验,当一个人在空中滑翔时,另一个就在地面上做笔记。虽然他们在空中逗留的时间仅仅是短短的几秒钟,而且也摔落不少次,但幸无大碍。这种经验的累积,对热爱飞行的莱特兄弟来说,实在是太重要了。

← 莱特兄弟的首次12秒钟飞行

为人类安上翅膀的人　**莱特兄弟**

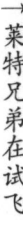
莱特兄弟在试飞

进行这些飞行试验时，滑翔机只在松软的沙地上飞起两三英尺高。莱特兄弟总是在每小时32公里的飞行速度下练习着陆，但无论是驾驶员还是滑翔机都没有被损伤。这个山坡的东北坡是大约9.5度的坡度，也就是每1.8米，下降0.3米。当滑翔机相对于风以每小时40公里到48公里的速度，即相对于地面以每小时16公里到24公里的速度飞行时，滑翔机在平行于山坡的飞行过程中还增加了速度。这表明滑翔机可以在不很陡的山坡上进行飞行。

莱特兄弟对滑翔机的控制比他们预想的还要好。他们对前升降舵最细微的运动都能做出迅速的反应。前升降舵在保持飞机的纵向平衡方面是令人满意的。

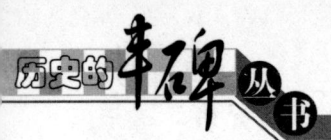

起初,莱特兄弟把扭曲机翼的装置拴紧,使其不能操纵,而只是操纵升降舵,因为他们担心,在他们还缺乏飞行经验的时候,就想同时使用两个装置,势必导致这两个装置都操纵不好。虽然没有使用机翼扭曲装置,他们却能在机身向一侧倾斜前5至10秒钟强迫滑翔机着陆。在进行最后三四次飞行试验时,莱特兄弟解开了拴紧扭曲装置的金属丝,以便使用横向稳定装置。

冬天,气候太冷,风也太大,威尔伯兄弟又回到了代顿市。

他们认为利林塔尔的计算方式一定有错误,于是,自己着手试验,首先根据"风洞"原理制造了一个长6尺,每边各宽12寸的正方形箱子,一端装设一个圆形的罩子,然后利用送风机,以每秒12公尺的风速向箱内送风。

他们模仿鸟类的翅膀,做成各种折曲的机翼,同

时，也依照自己的构想，设计出各种不同的机翼，将它们分别放在风洞里做试验，然后测定在机翼上所产生的阻力及浮力。

经过多次实验，结论是：机翼的角度增加，浮力也就随之增加，不仅可使得机头上下移动，还可以使两侧稳定而平衡。

过去，他们看到别人是摇动身体或晃动双脚以求平衡，实在太不科学。威尔伯对弟弟说："你记不记得，当我抓住机翼的一头时，角度较大的一头就飞得高一点吗？"

"不错！我也注意到这一点了，只要一扭动机翼，左右的角度就起了变化，浮力也就有了差别，下次我们制作新机时，就应该利用这一点以保持两翼的稳定和平衡。"

他们已经发现了利林塔尔的错误，从而画出许多

有关翼面的新的"极曲线"。

1901年春天,威尔伯和奥维尔制造的第二架滑翔机,已不是大部分模仿前人,而是自己通过实验而产生的新机了。虽说其总体设计与前一架差不多,操纵装置也相同,但是这架飞行器起飞的面积更大,从而能够获得更大的升力。另一个变化是按照利林塔尔的气动压力表规定的翼形,增大了机翼的弯曲弧度。滑翔机的翼弦约为2米(机翼前缘到后缘的直线距离),总翼展为6.7米,重量为45公斤。从下翼中部去掉50厘米宽的一段并将机翼的后角用圆弧过渡后,这架滑翔机的整个升力面积为27平方米(原先的那架只有15.3平方米)。前升降舵翼弦为1.3米,面积为1.7平方米,它的后缘与机翼的前缘相距大约0.8米远。

当年的7月,夏尼特知道这对兄弟第二度试飞,就介绍了一位名叫郝福克的机械师予以协助,他们一行3人,又往卡罗来纳去了。

这一次他们制造的新机,机前装有升降舵,机后装有方向舵,靠了这些装置可以使机身保持平稳,并能改变方向。他们对这架改良的新机,深具信心。

由于不能把这么大一架滑翔机像从前那架一样放进帐篷,莱特兄弟就在基尔德维尔山下盖了一座7.6米长、4.9米宽、2米高的库房。这座机库两边的墙部分

为人类安上翅膀的人　莱特兄弟

是悬下来的门，打开的时候，它就成了遮篷。莱特兄弟仍然住在帐篷里，他们往沙子里插进一根3到4米长的铁管子，解决了水的供应问题。

7月下旬的一天，开始了第二次试机。这次前进了300多米，但就整体而言并不令人满意。

这时，热心的夏尼特先生出乎意外地赶来了，这无疑给了两兄弟一副兴奋剂。

夏尼特先生看到这两位立志征空的后辈，似乎有退缩的意思，于是，不假思索地鼓励说："你们的研究精神，值得钦佩！但是要坚强，促使它前进！"

这样，有了夏尼特的参与和指导，两兄弟坚定了征服天空的决心。

整个冬季，他俩再度做风洞试验，详细记录下每一个试验数据。这次他们把机身与机长的比由原来的1∶3改变成了1∶6。

第三次试验在时速30余英里的强风中，如同在时速10多英里时那样平稳与安全，但是这次改进也并不是没有缺点，因为有时机翼会倾向一边甚至触及沙滩。

奥维尔检查原因认为是控制上的不协调，只要控制住两侧机翼和机尾合作协调即可。

威尔伯同意这一点，他立即着手用一根金属线控制双翼和机尾，他解释说，这就如同鸟类的尾巴和翅膀同受神经系统控制一样。过去的毛病就是由两个控制部分，分别控制机翼和机尾，因此，才会出现不协调的缺点，这种缺点，如果不予克服，机身就不可能保持平稳和安全。

又有一天，风速计的指针在三和四之间，以这样微弱的风力，是绝对无法使载人的滑翔机升上天空的。

"风力太弱，今天恐怕无法试飞了。"奥维尔说。

"且等等看吧，等一下也许会有所转变。"威尔伯对着天空的白云喃喃自语。

可是等了很久，依然如此，朵朵白云浮在天际，似乎一动也不动，毫无风势转强的迹象。奥维尔满心地不耐烦，自顾自地爬上滑翔机，从一个小丘上滑翔下去。

说来也怪，机身竟然升空滑翔起来了，而且稳稳地滑了好几十公尺。

奥维尔乐得大叫，站在远远的威尔伯一时也给搞得莫名其妙。

为人类安上翅膀的人 莱特兄弟

"瞧,奥维尔,你来看。"威尔伯以惊讶的语气喊着。

"怎么?机翼损坏了?"奥维尔不解地问道。

"机翼没坏,可是它的曲折度变了。"威尔伯解释说。

"怎么变了?"奥维尔顺着哥哥指的部位,一路望去,然后,表明了自己的看法,"我们为了要使机身的重量减轻,所以采用较细的材料,时间久了,它就自然而然地凹了下去。这跟刚才起飞有关系吗"?

"当然有关系,你想想看,曲面有变动,它的浮力也就不一样了,刚才风势弱,但这种曲面却能产生足以使机身上升的浮力。"威尔伯终于解开了这个谜。

通过多达千次的滑行试验,两兄弟很好地掌握了滑行机的设计及飞行技巧。

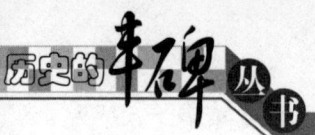

完成动力飞机

> 科学不会舍弃真诚爱它的人们。
> ——季米里亚席夫
>
> 科学绝不会是也永远不会是一本写完了的书。每一项重大成就都会带来新的问题。任何一个发展随着时间的推移都会出现严重困难。
> ——爱因斯坦

莱特兄弟自制的滑翔机,经过两人的多次创新与改良,终于能够随心所欲地操纵了。

但是这时候两兄弟都认识到,滑翔机性能再好,如果不借助风力还是不行的,只靠空气的阻力是无法使机身升高飞行的。基于这种思想,两兄弟正在酝酿着一个伟大的创举,在滑翔机上装上动力机械,克服只靠风力飞行的缺点。

在当时的历史条件下,两兄弟的想法是一个了不起的突破。

有了创新的思想,两兄弟就着手在滑翔机上装设发动机或螺旋桨。

为人类安上翅膀的人　**莱特兄弟**

两兄弟返回代顿后，满脑子都在思考着这个问题，他们很快将自行车的修理工厂改为制造新机的场所。老父亲和朋友们听说两兄弟要靠动力装置飞行，一再竭力劝阻他们应该满足滑翔的成功，不要再去做进一步的冒险。因为在当时谁也不相信，人类可以在天空飞行，就连著名的科学家纽坎勃教授也曾公开表示，人类希望在天空飞行实系妄想。他的论断是，即使能够升上天空，也只能一直向前飞行，万一停顿下来，就会摔落下去，结果是机毁人亡。

莱特兄弟并没有因为前人的失败而气馁，也没有因为别人的嘲讽或友人善意的劝阻而停滞不前。

1903年的春季，兄弟俩根据自己的构想，要设计一架装有动力设备的飞机，他们整天忙碌着，机翼、

→飞行者一号使用的自制发动机

升降器、方向舵等等都是经过精确计算的，尽量采用质轻一点，但强度不减的材料来制作。

目前急需解决的问题是，需要一台性能良好的发动机。

当然，汽油发动机虽然已经使用，但在许多方面还不适合作为航空发动机，机件容易出现故障，两兄弟找了很多地方，始终没能找到一台合适的发动机。在这种情况下，他们决定自己动手来制造。

经过精心的设计和改进，1903年底，莱特兄弟的汽油引擎终于制造成功了。

然后，他们计算机翼的大小，发现长和宽之比6到7最为理想，根据精确的计算，制作了一架机翼长12公尺，弦2公尺，面积47平方公尺的新机。机身总重量是340公斤。

单是发动机就达80公斤，他们认为这台发动机就算很轻了。他们的原则是，越轻越好，越小越好。

莱特兄弟日夜不停地工作，将两具螺旋桨分别装在发动机的左右两侧，他们将制造自行车所学来的技巧应用到飞机上，凭借金属链条及齿轮的原理，使螺旋桨每分钟旋转350次。又从"风洞"实验中，得知螺旋桨越大，则推进力越强的原理。

另外，他们还制造了一个速度计，靠承受风力时，自动地逆着发条旋转而测定速度。同时还设计了一个能够记录飞行时间的计时表来记录飞行时间。

夏去秋来，一切准备工作就绪，他们把飞机拆开装箱，利用船只先运往基蒂霍克，随后将店务做好安排，再乘火车前往。

当两兄弟经过周折到达基蒂霍克时，已经是初冬季节，海边的风力特别强，他们为新机建造的棚架，几度被强风吹毁。他们冒着凛冽的朔风，全力抢修，那种坚韧不拔的精神，不论谁都会感动。

几个朋友都劝他们等待明年春天再进行试验，但莱特兄弟谢绝了朋友们的关心，说就是要在各种不同的气候中试飞，才能获得更多的经验，这也是对他们一次难得的考验机会。

1903年12月14日，天气晴朗，风势亦不强劲，飞机停在沙滩上预先铺设的木轨上，木轨外面包着铁皮，以便于滑行，他们决定今天试飞了。把一架340千克重的飞机拖那么远可不是一件容易的事情。莱特兄弟略施小计，就完成了这一工作。他们把飞机放到一辆有两个轮子的小车上，然后再将它们拉到准备用作起飞跑道的单轨上，将它们推向18米木轨的尽头，然后把后一段木轨又搬到飞机前边，就这样循环往复，他们使飞机能够顺利前进。木轨的横截面为2×4英寸，

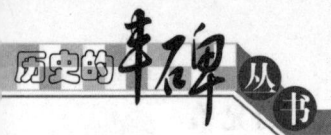

木轨的上面覆盖了一层薄薄的铁皮,人们才将飞机弄上山坡。

在严寒的冬天,如此偏僻的小渔村里,莱特兄弟虽然发出了几十张请柬,但实际上有兴趣来参观的,只不过寥寥四五人而已。

威尔伯顾不了这些,他首先登上飞机,手握操纵杆。

当引擎发动时,机身猛然向前冲,由于冲得太快,围观者的喝彩声刚刚喊出口,却立刻变成了惊叫。原来,飞机本是笔直冲向天空的,但是突然间却冲向地面,威尔伯曾试图以陡直的角度使机身上升,接着又把操纵杆按低,但是这些努力都没有成功,飞机飞行了100多米后,机头就栽了下来。

庆幸的是,威尔伯没有受伤,只是撞坏了一部分机翼,也算是不幸中之大幸了。

经过两天的修理,1903年12月26日,又是一个晴朗的好天气,奥维尔迫不及待地要继续试飞。

当天的风速是每秒9.7公尺,威尔伯一再叮咛说:"在起飞之初,千万不可以向上爬得太快,不能再犯我那天的错误。"

"我知道了,哥哥。"

"祝你好运。"

"谢谢。"

引擎发动了,螺旋桨开始旋转,奥维尔手握升降器的操纵杆,机身冉冉升空,迎着强劲的风,缓缓飞行。

人们把飞上天空讥讽为梦想、妄想,可今天,这

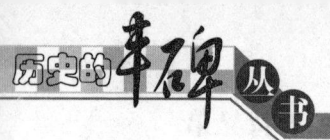

种梦想经由莱特两兄弟的手变成了现实。

奥维尔连续飞行了12秒钟,然后迎着强风平平稳稳地着地了。

两兄弟兴奋地拥抱。

"强风虽然使飞行困难,却使着陆安全方便。"

"是的,这是宝贵的经验。"威尔伯说。

接下来,威尔伯登上飞机,熟练地发动引擎,顺利地起飞了,他也在空中逗留了10多秒钟,平稳地降落在地面。

接着,又轮到奥维尔做第三次试飞,在空中逗留的时间更久,降落时也更平稳。

中午的第四次飞行最为精彩,由于威尔伯操纵得法,飞得极为平稳,一共飞行了59秒,240米的距离。

为人类安上翅膀的人　**莱特兄弟**

划时代的59秒钟，人们都为此欢呼雀跃不已！

试飞成功的消息，两兄弟本来暂不准备声张，想等他们回到代顿后，由自己家乡的报纸首先发表，这样更为有意义。

没想到基蒂霍克气象局的一位职员，以电报的形式告知诺福克港的一位朋友，于是两兄弟试飞成功的消息迅速传开了。

当地的人们起初都不相信，一位记者写了一篇荒谬可笑的报道，分送到各地，有些报社的编辑嗤之以鼻，干脆把它往纸篓一丢了之。甚至连代顿的地方报纸也不屑登载，只有一两家小报在不显著的位置简略

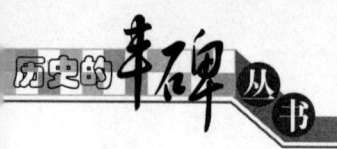

地刊登了莱特兄弟飞行成功的事。

1903年是飞机诞生的标志，也是航空奠基年代。莱特兄弟跻身于一代不朽人物，载入了航空史册。在他们制造动力飞机的工作中，莱特兄弟得到的最大的鼓舞就是他们获得了全人类第一个飞行成功的荣誉。然而他们还没有设计出实用的飞机。当时，他们甚至还不能预见飞机的各种用途。他们开始只想到飞机今后能在战争中执行侦察任务，能往交通不便的地区运送邮件，能够探险，还能够运送体育器材。

1904年，威尔伯和奥维尔开始制造另一架新飞机。这架飞机与1903年的那架相似，但又有许多变化。这架飞机的机翼比上一架加长了一些，飞机上装有一台17马力的引擎，机身总重量为400公斤。为了承受如此重量的机身，滑雪橇部分也被加固，使飞机在着陆时较为安全。这架飞机的另一个变化是机翼的前后翼梁均使用云杉木制成，取代了白松木。

那时在代顿市弄不到云杉木料，于是莱特兄弟在他们的自行车铺里用常用的方法做了试验以确定木料的强度，结果证明这两种木料的强度相差无几。可是在实际使用中，当压力猛然增加，比如飞机着陆时，白松木制造的翼梁就突然折断，"就像捶击之下的乳脂糖"，而云杉木的抗震力就比较强。莱特兄弟在修复机

为人类安上翅膀的人　**莱特兄弟**

翼时,翼梁便全部改用云杉木了。

夏末秋初,新飞机制造完成了。莱特兄弟决定不去遥远的基蒂霍克沙滩试飞了,而在代顿附近选择一块广阔的平地试飞。他们选中了代顿郊外的胡费曼牧场,这里有辽阔的草原,全无障碍,牧场主慷慨地答应无条件让他们使用。威尔伯和奥维尔预定在9月份正式试飞,他们向报社及有关方面发出请柬。

试飞那天,他们的父亲密尔顿和妹妹凯特前来为他们助兴。试飞选择了一个晴空万里的日子。兄弟二人发动了引擎,只听轧轧地作响,接着,就见螺旋桨猛转起来,飞机向前滑行了一段距离后,就悠悠然飘升起来了。

参观的人群中响起了欢呼声、鼓掌声。密尔顿主教和凯特看到从头顶掠空飞过的威尔伯和奥维尔,激动得热泪夺眶而出。他们为兄弟二人能飞到天上去的了不起的成就而万分激动。

这是一次在公众面前的成功飞行,但当地新闻界却仍不愿详细报道这一事件。威尔伯和奥维尔并不在乎官方舆论对他们的冷漠,仍然经常在胡费曼牧场做飞行练习,他们训练自己的飞行技巧,同时也继续研究,改进飞机的性能。

第二年的秋天,兄弟二人的驾驶技术已经非常成熟，在空中逗留的时间，由十几分钟提高到接近一小时，飞行的距离，由16公里多增加到32公里多。他们驾驶飞机能够进行倾侧、拐弯，8字形盘旋等技术动作。

就在兄弟二人醉心研制飞机稍有成就时，他们遇到了一个困难。兄弟俩的积蓄和经营自行车店所赚来的钱，全部都已用在飞机的研究和制造上，攒存的钱现已告罄，而未来的研究工作还有许多。面对资金上的困难，兄弟俩束手无策，他们决定请求政府资助。莱特兄弟草拟了一份申请书，寄往华盛顿。申请书内叙述了他们研究飞机的过程和面临的资金困难，提出如能获得政府资助，他们的研究便能继续研制下去，该发明在未来的交通或军事方面必定有所贡献，希望政府拨款资助，以免

研究中断。

没有多久,政府有了答复,其内容是:"飞机的研究,尚在萌芽时期,未来的研制进展如何,殊无把握,政府不愿在这方面耗费资金,所请歉难照准。"

美国政府对威尔伯和奥维尔飞机飞行成功的意义认识不足,对这项科技硕果兴致索然,不置褒贬,没有给他们以支持和鼓励。这一年,兄弟二人没有飞行,而是集中精力研究发动机。

1906年,威尔伯和奥维尔的飞机发明申请了专利,专利号为No. 831.393,成为美国的一项重大发明。威

→莱特兄弟首飞纪念碑

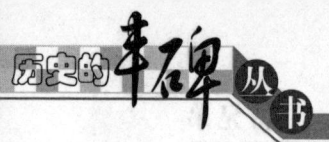

尔伯和奥维尔给他们的飞机取名为"飞翔的人"。

当时谁能真正想象得到,莱特两兄弟伟大的创举,在50年后,整个地改变了交通、经济、产业以及人类的生活?

这也难怪,当初像蓝格勒博士这么一位鼎鼎大名的科学家,曾接受政府巨额研究费用,聘请了不少第一流人才,结果仍然失败了。而莱特兄弟,没有堂皇的学历和声望,仅凭自己的头脑与双手,以及开设自行车店为数不多的盈余,就能从事这种人人认为无望的飞行事业,而且一举成功,怎么可能呢?

有上述想法的人,还算是依据常情推断,倒也无可非议。

至于一些尖酸刻薄的人,却极尽挖苦、嘲笑之能事,更有甚者认为莱特兄弟是大骗子、神经不正常,实在令人难受。

过去,家人基于安全的理由,也曾反对两兄弟从事冒险,后来渐渐发现他们两人在这方面的天才,不忍过分阻挠,如今两人已有了成就,继续研究发展下去,会对人类做出贡献,于是,便由反对变为鼓励了。

就这样,莱特兄弟完成了人类飞行史上的创举,完成了动力飞行的试验设计与载人飞行。

为人类安上翅膀的人　**莱特兄弟**

赴欧表演

> 坚强者能在命运的风暴中奋斗。
> ——爱迪生

经过莱特兄弟的不断改进,动力飞机各方面的性能都在趋于完善,不但能够平稳地直线飞行,到1904年夏,两兄弟的飞机已经能够做各种空中转向飞行了。但是就整体而言,两兄弟却不满足于现状,他们计划进行更深一步的研究。

莱特兄弟过去有一点积蓄,再加上经营自行车店赚来的钱,全部都已用于飞机研究上了,而未来的研究和制造又需要更大量的经费,他们感到捉襟见肘了。

他们也试图从政府那里得到资助,但是限于当时美国政府对发展飞行制造业的认识不够,再加上蓝格勒博士的尝试失败,使得政府不愿在这方面再度耗费资金。

正当莱特兄弟彷徨无计之际,事情却意外地有了转机。

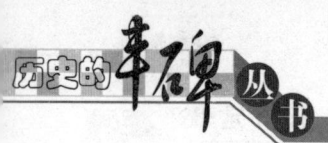

原来，有一位法国军官，名叫法培尔，他是陆军气球队的委员，在某一军校担任教官，非常热衷于飞行事业，当年利林塔尔试验滑翔机时，就已经使他十分向往，1904年听到莱特兄弟动力飞机试飞成功的消息时，更是钦佩不已。他写了一封长信给莱特兄弟，一来表示仰慕，二来是想切磋有关飞行上的许多技术问题。

莱特兄弟感到美国政府不能采纳自己的建议，给予资助。而欧洲国家可就不同了，他们之间钩心斗角，虎视眈眈，谁都想发展新武器，以求自保，德国政府对齐柏林飞艇给予了奖励，法国也对国内的飞行研究机构拨款资助。两兄弟认识到，欧洲是他们施展才华的好地方。

恰在这时，法培尔来了信，请他们去法国亲自表

演,以证实飞机的性能。

兄弟俩兴奋不已,多年来的心血结晶,终于有人赏识。

这时美国陆军也感到国内飞行知识的提高是潮流所趋。陆军部决定征购飞机。1907年年底陆军部公布了征购飞机的条件:

1. 机身总重量159公斤,可乘坐两人。

2. 飞行速度应在每小时40英里(64公里)以上,飞行时间在一小时以上,且可以连续飞行125英里(190公里),燃料必须储备充足。

3. 起飞及降落装置必须坚固安全。

4. 操作要简便,机身必须容易拆卸、安装和搬运。

两兄弟商议后,由威尔伯单身前往法国做公开表演,奥维尔则留在国内参加陆军部的开标比价。

1908年6月,威尔伯抵达法国巴黎。

接待人员以及一群前来欢迎的人士,看到走出车来的是一位衣着随便、朴实无华的中年人,头戴一顶便帽、高高瘦瘦的身材,在气质上不像一个飞行家,倒像一个文人学者,因此,不免对他有点失望。当人们听说美国没有飞行协会这一类组织时,更感到惊异,并对他投以不信任的轻蔑眼光。

威尔伯看在眼里,却不予计较,他选定了距巴黎百余英里的叫罗·蒙里的地方做表演场地。友人法培尔给予他不少协助。

1908年8月的一天，正式公开表演的日子到了，前来参观的绅士淑女，络绎不绝，场地四周一时冠盖云集。

经过威尔伯改良的飞机，装置了30马力的引擎，驾驶人可以坐在机翼中央，不需俯伏驾驶了。

那天，威尔伯身穿普通的工作服，头戴便帽，微笑着向观众致意后，就爬上机身，大家屏息注视，原野上突然变得寂静无声。

忽然马达声响起，螺旋桨飞快地旋转起来，飞机缓缓地滑向前去，不一会儿就悠悠升空了。四周的欢呼声，响彻云霄。

"太妙了，你看上升的姿态多美！"

"他确实不是吹牛的！"

"飞得四平八稳，真令人羡慕！"

人潮中发出一片赞美声，当他回航降落时，人们一拥而上，纷纷和他拥抱、握手，威尔伯立刻成了大众崇拜的英雄。

当人们争相赞叹时，威尔伯却谦虚地说："还有许多不足要改进，谢谢各位。"

法国的报纸，对这条新闻以显著的位置做了大篇

为人类安上翅膀的人　**莱特兄弟**

→ 威伯尔的飞行表演在法国取得成功

幅的报道。社会名流争相邀宴，使得威尔伯有点应接不暇。

威尔伯并未因一举成名而冲昏头脑，没有终日沉醉于觥筹交错之中，他尽可能地把时间用在飞行技术及机身设备的改良上。

在以后的几次飞行表演中，他表现得更为优异，不但直线飞行，在空中绕圈子，而且还能做各种各样的花样飞行，使观众看得目瞪口呆，惊诧不已。

威尔伯在法国做飞行表演期间，由于他的技术精良、纯熟，不但飞得平稳，而且一次比一次飞得高，飞得远，很多人都想亲自一试，他们愿意出钱，请威尔伯带他们到空中过飞行瘾。

威尔伯都一一答应，但没收任何费用。

在这期间，各国科学家、慕名前来观摩的人，也相当不少。英国航空协会会长贝登·鲍威尔少校就曾对威尔伯赞誉有加，钦佩不已。

威尔伯把别人的赞誉放置脑后，又继续他的试飞。

一天，天气不好，在飞机加满了油后，却下起蒙蒙细雨，助手们劝他停止试飞，威尔伯说："在任何情况下，都得一试，以考验'莱特号'的性能。"

威尔伯不顾恶劣的天气，升空试飞了几分钟后，平安着陆。

9月20日，天气晴朗，试飞结果是飞行了1小时零9分，威尔伯并不满意。

9月23日，天气虽然晴朗，但风势强劲，威尔伯的飞行纪录为58分钟。

9月25日，是一个非常理想的天气，威尔伯终于创下了1小时32分15秒的空中纪录。

以上是单人飞行的最高纪录，那么双人同乘的情况如何呢？

法国的一名叫佛尔曼的飞行家，曾创下同乘飞行了10分钟的空中纪录。

威尔伯岂甘落后，他征求志愿同乘者，由于别人对他深具信心，很多人都自告奋勇报名参加。威尔伯挑选了几位胆大心细的作为试飞伙伴。

1908年10月经过几次试飞，一次成绩比一次见好，他的同乘飞行纪录达到了1小时又5分钟。这时，美国国内也传来好消息，奥维尔也创下了同乘飞行1小时5分钟的纪录，两个纪录并驾齐驱。

好友法培尔也为他高兴，威尔伯向法培尔表达了另一个心愿，那就是想要获得"黑修朗奖"。

"黑修朗奖"是汽车轮胎发明人黑修朗氏所设的，每年颁发一次，凡是当年飞行距离及时间保持最长纪录的人，就能获奖。奖品除了一个大型金质奖杯外，还有两万法郎的奖金。

以法国人的立场来说，当然不希望这种荣誉落于外国人之手，一些飞行家虽然拼命努力，却始终赶不上威尔伯的纪录，心里着急，但又无可奈何。

时序进入冬季，阴霾的日子居多，难得有晴朗的好天气，人们忙着准备迎接一年一度的圣诞节和新年，

威尔伯则积极从事飞行的准备工作，一切均告就绪后，就邀请负责评审的委员们到罗·蒙里来。

场地上没有标明飞行距离的指示牌，按规定，飞行必须沿着边长700公尺的三角形，顺序飞行。

当时，朔风凛冽，天色阴霾，评审委员们坐在场地一角，个个缩着脖子。

"像这样的天气，能够飞行吗？"

"飞上天空以后，被风一吹不被冻僵才怪呢？"

"看他精神抖擞，令人钦佩！"

"说不定，这次'黑修朗奖'真会被美国人拿去。"

评委们议论着。

在这同时，威尔伯和助手们仔细检查着机身，然后，加足了燃料，准备升空了。

威尔伯走向评审员席，面带微笑行礼。

引擎发动了，评审员们目送着"莱特号"冉冉升空。

由于风势强劲，当它绕圈飞行时，有很多次，机翼被吹得倾斜得很厉害，有人为他捏了一把冷汗。威尔伯不愧为飞行高手，他控制适宜，飞得越来越平稳，它不停地绕圈飞行。

评审员们注视着计算着，时间已超过了1小时。

35，40，45，飞了50圈时，恰好是两小时整，但飞机仍然没停止的迹象。

直到56圈，引擎停息，机身缓缓地滑翔降落，场地上响起一片如雷的掌声。

评审员们兴奋地宣布结果：飞行时间2小时20分23秒，飞行距离117.5公里。

一个平凡的美国机械师，在号称航空先进的法国，能荣获"黑修朗奖"的荣誉，他的成功，绝非偶然。

这时，全法国人民都把威尔伯作为英雄来崇拜，人们谈论着有威尔伯为公众签名的纪念品。不久以后当法国大使抵达美国纽约时，他宣称法国人民已经把威尔伯·莱特当作伟人来颂扬了。不仅仅是他在空中的成就赢得了人民，他那谦虚的品德、正派的作风以及渊博的知识，也给人们留下了美好的印象。法国的报纸热情地评论这样一个事实：从交谈中，人们发现威尔伯不仅在科学技术上，同时在艺术上、文学上、历史上、机械上以及国际事务方面都有着丰富的知识。

法国政府派人来跟威尔伯正式谈判购买莱特飞机的专利权了。

当初，莱特兄弟向美国政府提出出卖专利权的条件是50万美元。如果卖给法国政府，那么，就不能低于此数，否则，对不起自己的国家。

可是，法国政府只愿出25万美元，威尔伯一口拒绝了。

在法国时期，威尔伯还致力于指导法国有志于飞行的青年，除了讲解原理外，还经常实地操作。

威尔伯的学而不倦，赢得了青年们的普遍崇敬。不久，欧洲各国慕名求教的人纷纷拥向法国，最后，终于成立了一所由威尔伯·莱特领导的飞行学校，这也是世界上最早的一座飞行学校。

威尔伯还到意大利进行了飞行表演。1909年初春，威尔伯接受意大利的邀请，前往罗马做了几次飞行表演，那次的飞行高度，达到1 400米，打破了自己的纪录，荣获意大利飞行俱乐部的奖牌。

威尔伯在欧洲公开表演的时候，奥维尔在国内也创下了可观的成绩。奥维尔在家里，依照陆军部要求的规格改进他们的飞机，使之具有30马力和两个座位，并于1908年9月在华盛顿附近的梅耶要塞进行试

为人类安上翅膀的人　**莱特兄弟**

飞。

在两人同乘飞行时,陆军中尉托马斯·塞尔弗里奇自愿和奥维尔同乘飞行。他们在空中做一个漂亮的回旋,正准备做第二次回旋时,机身突然倾斜,失去平衡,马达停止转动,机身坠落在地面,以致塞尔弗里奇坠毁身亡,奥维尔身负重伤。这是美国第一架军用飞机失事,也是飞机的第一次空难。为了纪念这位为征空而奉献了宝贵生命的勇士,现在,美国的最大航空基地之一被命名为塞尔弗里奇机场。

← 纪念莱特兄弟飞行成功一百周年

1909年春天,威尔伯从欧洲返回家乡。奥维尔的伤势已经完全复原,他同妹妹凯特一同前往码头迎接哥哥。家乡的人们举行了庆祝盛典,祝贺威尔伯在欧洲取得的成就。

威尔伯在欧洲留下了信誉,播下了种子。

科学家卷　093

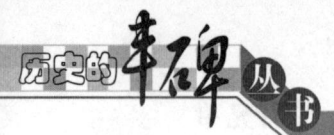

> 耐心虽苦,成果却甜。
> ——卢梭

莱特兄弟并不满足于他们以往的成就,他们继续努力。

前次,他们向陆军部申请试飞没能成功,而今,哥哥威尔伯享誉全欧,举世闻名,现在已经载誉还乡,于是,再度向陆军部提出申请,做第二度的试飞。

在威尔伯从欧洲回来之前,奥维尔新制的飞机,在初春已经做过了多次实验,飞行时间,逐有增加,飞行高度已经达1 200公尺,即使顶着强风,仍然飞得极为平稳。

一次,奥维尔在威尔伯的鼓励下,曾顺利地单人飞行了1小时又20分40秒。

1909年6月,陆军部指定的试飞日期到了。他们设计的飞机,性能优良,再加上两兄弟飞行技艺高超、纯熟。这次的飞行,轰动遐迩,除了陆、海军高级军

为人类安上翅膀的人　莱特兄弟

官、政府官员、议院的议员、科学家、实业家、新闻人员,以及一些民众外,就连当时的美国总统塔夫脱也亲临观赏。

华盛顿郊外的试飞场地——梅耶要塞,真可谓是冠盖如云,车水马龙,盛况空前。

飞机已经停放在轨道上,天空中的白云,悠闲地飘荡着,微风拂面,令人舒畅无比,真是一个适合飞行的好天气。

人们纷纷谈论着。

"莱特兄弟能获得成功吗?"

"不会出什么问题吧?"

"莱特兄弟一定会成功的。"

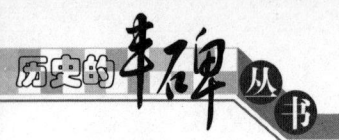

"莱特兄弟的成功,不仅是他俩的荣誉,也是美国的光荣。"

"总统都来了,可见政府对这事重视。"

"你看!莱特兄弟来了。"

……

奥维尔由哥哥陪同,步向机身,四周的观众,霎时都沉寂了下来,几千双眼睛注视着他俩。

奥维尔和威尔伯边走边谈,威尔伯对弟弟面授机宜,并不时拍拍弟弟的肩膀,予以鼓励。

当他俩走近机身时,事前计划好和奥维尔同乘的赖萨姆中尉已站在机旁等候了。

"祝你们成功。"威尔伯祝贺说。

奥维尔首先爬上驾驶座,赖萨姆接着坐在奥维尔的身旁,熟练地系上安全带。

螺旋桨开始旋转,奥维尔举手示意,威尔伯将旗子一挥,机身慢慢地向前滑动了。

观众席上的塔夫脱总统,一眼不眨地注视着滑行的飞机,不一会,机身缓缓升空,总统呼出了一口长气。

奥维尔架着"莱特号"依照陆军部规定,在场地上空做旋式的飞行,一圈、两圈……观众的视线随着机身转,50圈、60圈、65圈……快接近指定的1小时

为人类安上翅膀的人　**莱特兄弟**

了。

观众们静待着,不久,在机声轧轧中,地面上号笛响起,信号旗不停挥舞,表示已经到达规定的飞行时间,可以下降了。

飞机仍在盘旋,如醉如痴的数千观众,掌声、欢呼声,响彻云霄,人人挥舞手帕,抛掷帽子,接近疯狂。

"咦!地面上指示降落,他难道没有看到?"

"不可能。"

"那么,为什么不降落?"

"看!威尔伯毫不着急。"

其实,威尔伯确实是胸有成竹。他知道,奥维尔

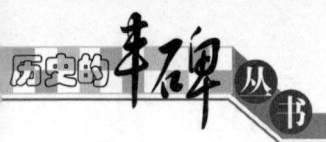

没有打破自己在欧洲创下两人同乘的飞行纪录以前，他是不愿下降的。

奥维尔在大众的注视下，终于缓缓下降了。

评审席宣布，奥维尔驾驶两人同乘的时间是1小时35分20秒，再创新的世界航空纪录。

威尔伯首先奔过去和奥维尔拥抱，然后，陪同他走向总统席前。

塔夫脱总统满面笑容，起立相迎，他幽默地赞誉说："机身上下都没有一点破损，两位却打破了世界纪录！这不只是你们的光荣，也是美国的光荣。"

同威尔伯一样，1909年9月，弟弟奥维尔也去欧洲进行了航空表演，起初应德皇的邀请先去德国献技，接下来又到意大利进行了巡回表演，从中奥维尔接受了欧洲的飞行技术，发展了自己的航空技巧与制造技术，并把自己的技艺传播到了欧洲。

1909年，已经42岁的威尔伯和弟弟奥维尔又做了一次被后人誉为"历史性的飞行"。两兄弟又成功地驾机横渡比特罗岛到布鲁克林海岸。

为人类安上翅膀的人　**莱特兄弟**

莱特飞机公司

> 一个人只要强烈地坚持，不懈地追求，他就能达到目的。
> ——司汤达

奥维尔和威尔伯做完"历史性的飞行"后，由于年岁已大，已经不大适合飞行了，两兄弟便开始把目光转向飞机的研究和设计改良上。

两兄弟已清楚地认识到发展航空事业的重要性。这时，邮政部门已开始考虑利用飞机传递邮件，至于军事方面，也有很多人在竭力要求发展航空事业。两兄弟鉴于这种发展的必然趋势，开始着手创建自己的飞机公司。

这时的美国政府的航空预算只有四十几万美元，单靠政府预算根本没有办法创建飞机公司。

一些银行家和其他实业家都纷纷要求入股，但兄弟俩不愿失去对公司的管理权，因为如果那样的话，两兄弟就不能很好地维护自己的专利权。

反之，假如这个公司由两兄弟独占的话，将会步

上电话、电信公司的后尘,对航空事业的发展未必有利。

最后,两兄弟商议,由出资的股东和他们组成董事会。对投资的银行家和实业家,做了有限的让步,

为人类安上翅膀的人　莱特兄弟

但专利权仍属莱特兄弟所有。

1909年的11月,"莱特飞机公司"在代顿正式成立了,股本达20万美元。

作为在美国出卖专利权的报偿,莱特兄弟除了按规定获得所有卖出飞机的10%的金额外,还接受股票和现金。从此以后,莱特公司将承担对所有专利侵犯者起诉的费用。

按照莱特兄弟的看法,现在一件美中不足的事情就是他们比以往任何时候都更多地把自己卷进了商业活动。他们曾经幻想完全脱离商业活动,把全部时间投入到科学研究中去。

莱特公司的办公室设在纽约市第五街527号的引人注目的日夜银行大厦里。飞机工厂设在代顿市。

美国陆军部一次就订购了6架"莱特"飞机,欧洲的英、德、法各国也都买下了制造权,订单源源不断,生意兴隆。

莱特兄弟日夜埋头研究,设计出许多高性能高质量的飞机,这些飞机,飞得高,飞得快,而且安全可靠。

世界各国的科学家,以及飞机制造的从业人员,纷纷前来讨教,莱特兄弟都不厌其烦地予以指导、讲解,使他们满意而归。

在创立莱特飞机公司期间,莱特兄弟曾为保护自己的专利而对一起侵权事件提出控诉。

事情是这样的,美国国内有一位后起之秀卡堤司,在1907年,威尔伯听说卡堤司隶属的飞行协会需要一些资料,他就热心地把利林塔尔交给夏尼特教授,以及莱特兄弟亲自冒生命之险所得来的资料,全部交给了卡堤司。

没想到,卡堤司自己想创设飞机公司而退出了该协会,他把宝贵的资料,全部占为己有而带走了。

随后,卡堤司根据此资料仿制出卡堤司式复翼飞机,这完全是剽窃行为。莱特兄弟提出控告,从而引起一场争论。

直到1914年,上诉到最高法院时,莱特兄弟终于获得胜诉。

此间,虽然双方涉讼频繁,但对飞行事业的发展

为人类安上翅膀的人　**莱特兄弟**

并未受到影响。

1910年,莱特兄弟在代顿创办了第一所飞行学校,训练了大约50名民航和军用飞机驾驶员,训练中飞机经常坠毁,付出的代价很高。

这一年10月初,圣·路易举行飞行竞赛,莱特兄弟的徒弟贺塞驾驶一架新式的"莱特飞机",以2小时50分赢得了冠军。另几位徒弟史顿、柏金士等人也都创下佳绩。

10月下旬,法国举行第二届戈登彼那特奖竞赛。这是国际飞行比赛,由法国热心于飞行的大富豪戈登彼那特提供巨额奖金颁给飞行最快的优胜者。在竞赛中,莱特兄弟的徒弟史顿以2 900米的高度,创下了世界新纪录,获得了第二名。

这时的美国也掀起了一阵飞行的热潮。这一年的11月上旬及中旬,曾分别在巴尔的摩和登巴市举行飞行观摩会。

莱特飞机公司的飞机已经在许多地方进行了改进,起飞时不再依靠轨道滑行,而是采用车轮;升降舵已改设在机尾部分。但仍有人评论"莱特飞机"已经落后,为此。贺塞和史顿决心大显身手,为莱特飞机重振声誉。

在巴尔的摩飞行观摩会上,贺塞和史顿分别表演了他们的飞行特技，赢得了观众的喝彩。但在登巴市举行的飞行大会上，却发生了一件不幸的事。史顿驾驶着一架莱特飞机以精湛的飞行技巧，在上空表演，在做急速小盘旋时，机身突然倾倒，一下子摔落在地面。这是由于机翼的强度不够，在急速转变时，经不住压力而机身折断，以致求功心切的史顿丧失了宝贵的生命。威尔伯和奥维尔为此伤心不已。

1911年年底，贺塞利用圣诞节假期，在西岸的洛

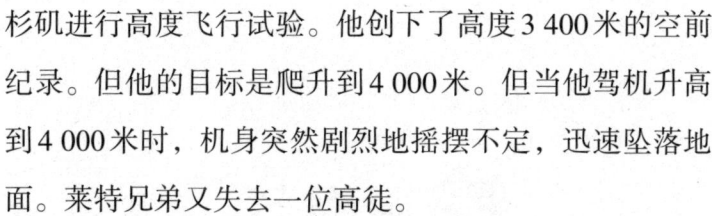

杉矶进行高度飞行试验。他创下了高度3 400米的空前纪录。但他的目标是爬升到4 000米。但当他驾机升高到4 000米时，机身突然剧烈地摇摆不定，迅速坠落地面。莱特兄弟又失去一位高徒。

这时有另外两件事为莱特飞机争得了声誉。一位名叫哈利的先生驾驶一架莱特式双翼机在海上飞行了120英里（190公里）到达纽约。随即又飞往亚特兰大市、巴尔的摩市，直抵华盛顿，全部航程约460英里（736公里），历时不到两周。这次跨越美国7个州的长途飞行，说明了莱特式双翼机经得起考验，并不落后。

莱特兄弟的另一位徒弟罗吉士驾驶着莱特式双翼机自纽约飞往加利福尼亚州，这是由东向西横跨美国大陆的长途飞行，全航程在5 000公里以上，途中要越过幽深的山谷、广阔的森林、平畴的原野、无垠的沙漠、湍急的河流，有时候会遭到暴风雨的袭击，也会碰到不稳定的气流，随时都有发生危险的可能。没有一个人敢于做如此大胆的尝试，但罗吉士凭着他坚忍的意志克服了许多困难和险境，获得了成功。

这件大事立刻轰动了全美国乃至全世界，美国人引以为傲，世界各地的报纸也竞相报道，视为奇迹。莱特飞机公司的订货单，因此扩大到远东地区的国家。

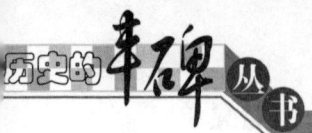

巨星陨落

> 等我们辞别人间,要把我们的脚印,留在自己身后的沙滩上。
> ——郎费罗

那是1912年的春天,威尔伯突发高烧,医生起初诊断为消化不良,开了一些药物,且叮嘱休息一两天就会好起来。

然而,威尔伯的病情一直过了10多天也不见好转,热度始终未退,弟弟奥维尔又找医生复诊,最后确认为是伤寒。医生要求必须静养,不可以乱吃东西,否则会引起肠出血或穿孔性腹膜炎。

威尔伯在弟弟及妹妹的精心照顾下,一度似乎略有好转,但热度始终未退,全身倦怠,头痛、腰痛相继出现,并且有腹泻现象,身体一天天地衰弱了。

奥维尔陪伴哥哥,寸步不离,默默地祈祷着哥哥早日康复,重返他依恋的航空事业。

为人类安上翅膀的人　**莱特兄弟**

→威尔伯·莱特

但是，天命难违，就在病发后不到1个月的5月29日的拂晓，这位将毕生献身于飞行事业的伟大发明家，正值45岁的英年，就与世长辞了！

一颗巨星陨落了。

人们永远难以忘记这位伟大的飞行发明家给人们留下了什么，永远难以忘记1903年那史无前例的动力飞机飞行于天空的壮举。

威尔伯逝世的噩耗传出以后，全国上下无不为这位航空先驱深表哀悼。成千上万的唁电和慰问电从世界的东、西半球像雪片似的飞来，其中有许多电报是各国首脑、政府要人发来的。

莱特主教在他的日记里这样记叙了威尔伯："他有着无穷的智慧与平和的性情，他非常的自信又非常的谦虚，他目标清晰而又步伐坚定，他是这样活着和死去的。"

奥维尔和哥哥威尔伯自幼相处在一起，彼此具有相同的爱好，由放风筝、办报纸、开设自行车店、研究滑翔机、载人升空，以至于成立莱特飞机公司，几十年共同的生活与奋斗，几十年的朝夕相伴，结下了深深的友情。

如今，哥哥突然离去，从此人天相隔，真是好悲伤。

在威尔伯死前20多天，他是这样分配他的遗产的：将其中的5万美元分给他的两个哥哥和一个妹妹；1千美元给他父亲"用于补贴安逸生活和娱乐方面的特殊开支"。所有剩下的钱，他留给了弟弟奥维尔："在童年时代和成年以后，我们有着共同的希望和共同的事业。要是我们不能在一起一直生活到老年的话，我

为人类安上翅膀的人　**莱特兄弟**

相信他将会用我们共同使用资金的方式使用这笔财产。由于这个原因,我就不把这笔遗产用于慈善事业了。"

奥维尔强忍悲恸,继承了哥哥的莱特公司董事长的职务,决心完成哥哥未完成的事业,力求振作。奥维尔一人承担起莱特飞机公司的重担,继续发展自己的事业,并很好地解决了飞机发明人的争论,打赢了

→奥维尔·莱特

莱特公司与卡堤司公司拖了3年的官司。

同时，由于飞机在空战中的重要地位，各国都竞相发展自己的航空事业。美国的一些资本家，当然不肯放过机会，纷纷投资，使得美国一度呈现不景气的经济，很快复苏了。莱特公司在美国国内很快发展为无人可匹敌的大航空公司。

第一次世界大战期间，以飞机作为空中攻击武器，使得人员死伤及财物损失，难以估计。

莱特兄弟发明飞机的本意是想发展出一种飞行物体，能够递送邮件或作为交通工具。却万万没想到，他俩发明的飞机，竟然在大战中变成了杀人的工具。

奥维尔心情相当沉重，从此之后，他开始致力于航空工业的和平利用。

奥维尔这位伟大发明家，一直过着平凡、朴实的生活，人们对他这种高尚的胸怀景仰不已，代顿市也因莱特兄弟而闻名。1920年奥维尔被推选为该市的荣誉市民，奥维尔是第一位获得此项殊荣的人。奥维尔除了应酬一下为地方服务的场合外，多半谢绝一些无谓的邀请。他将时间用在自己的研究工作里。他知道自己剩下的时间不多了，应抓紧时间把过去与哥哥一起研究的未曾发表的一些公式、理论，一一予以汇集整理，做有系统的叙述，以便流传下来。因此他依然

为人类安上翅膀的人　**莱特兄弟**

非常忙碌。他经常步行到过去的工作场所缅怀昔日的年华。那里是他们弟兄二人从事飞行研究和试验的地方，保存着当年的各种机械、模型、书籍资料等。他们就在这里发现许多飞行原理，计算出无数的公式，做过难以计数的试验，创造发明了"莱特的升降舵""莱特操纵系统""风洞"等等。他们在这里推翻了历代著名科学家研究的关于大气对机翼的压力的错误数据，采用风洞试验得到一整套科学数据，从而能够制造出第一架真正实用的动力飞机。

奥维尔的晚年，经常有记者、出版商千里迢迢慕名而至，极力劝说奥维尔以回忆录的方式来撰写兄弟俩30多年来的研究、发明、制造飞机的艰难历程，以及目前的感想和希望，将来流芳百世。奥维尔总是以谦逊的口吻，微笑着回答这些记者们："说来惭愧，我

们兄弟俩自幼喜欢搞机器,在一个偶然的机会里,启发了对飞行的憧憬和兴趣,就这样,一步步推演下去。我们实在很平凡,不敢自诩有多大的成就。"说到这里,他叹了一口气,"我们发明创造飞机是为了递送邮件或用作交通工具,却万万没有想到,在世界大战中,飞机竟成了杀人的工具。这件事实在令我痛心不已!我想,长眠于地下的哥哥一定也于心不安"。

但是有的出版商仍然锲而不舍地敦促奥维尔同意撰写传记。奥维尔只好语气婉转、态度坚决地说:"这件事,我感到很为难,原因是很多当事人如今还健在。如果要我写的话,就不能凭空杜撰,必须绝对真实。可是这样一来,很可能要得罪很多人,所以以后再说吧。"

世人不仅对莱特兄弟的伟大发明,对全人类的巨大贡献景仰不已,而且对他们朴实无华、谦虚谨慎的品德钦佩万分。

1947年,也就是奥维尔去世的前一年,美国最大的一家航空公司——泛美航空公司特邀奥维尔乘坐该公司的一架豪华客机升空游览。朵朵白云,急速地在窗外掠过,飞机极其平稳地在高空翱翔。机舱内设有冷热调节设备,铺有精美的地毯,座位舒适而华丽。

"莱特先生,感觉如何?"一位随从恭敬地问道。

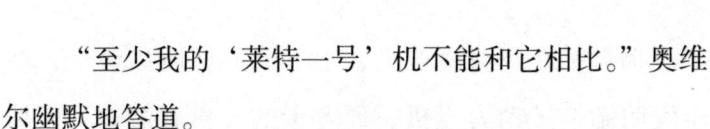

"至少我的'莱特一号'机不能和它相比。"奥维尔幽默地答道。

"没有您的一号机试飞成功,怎会有今天我们这些飞机?"

"你们现在的发动机是多少马力?"奥维尔依然对机械感兴趣。

"3 000马力。"

"哦!3 000。我们公司在十几年前的产品,只有你们的十分之一。"

"莱特先生,这是渐进发展而来的,您仍然是前辈。"

接着奥维尔被领到驾驶前舱去参观。那里大大小小几十个仪器,指示计,真是看得人眼花缭乱。奥维尔感叹道:"飞机制造业发展得真快,眼前这许多复杂的仪器真叫我有点头昏目眩。回想当初我只靠一个风速计就飞上了天,真有点不可思议。"

"哪里的话?现在的飞机虽在机械装备和安全舒适等方面比以前先进了,可制造飞机的原理是一样的,所以说,莱特先生的贡献,永远受人尊敬和怀念。"驾驶员激动地说。

奥维尔幸福地笑了,他看到自己和哥哥耗费几十年的心血,将自己全部的时间、全部的精力和全部的

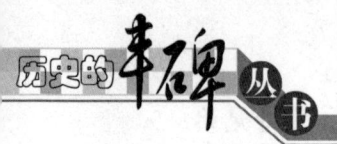

金钱都贡献在飞行事业上，呕心沥血、历尽艰辛，终于发明制造了动力飞机。而今天的飞机制造业不仅后继有人，而且发展之神速到了惊人的地步。他由衷感到莫大的幸福，莫大的欣慰。

1947年冬天，气候异常的寒冷。奥维尔已经是76岁的高龄，虽然生活上很有规律，但毕竟是上年纪的人，抵抗力不如从前了，以致旧病时发时愈。

这年冬天，由于朔风凛冽，奥维尔病弱的身体，经不住风寒的侵袭，他又病倒了。

1948年1月30日，我们伟大的发明家奥维尔也与世长辞了。

为航空事业奠定基础的又一巨星陨落了！全美国一片哀悼。

莱特兄弟——飞机发明人、现代航空科学的先驱，他们热爱机械，不顾时人的异样眼光，潜心研究并献身飞行事业。其磊落朴实的胸襟、崇高的志向及彼此合作互谅的精神，也和他们的发明一样被世人讴歌和景仰。

莱特兄弟的家乡代顿因他们而出名，成为游客向往的观光地区。他们当年开设自行车店的木造房屋仍然原封不动地保留着，门前油漆斑驳的招牌依然悬挂着，供游客们瞻仰、参观。

为人类安上翅膀的人　莱特兄弟

1932年美国政府在他们最初载人飞行成功的基蒂霍克建造了一个高大巍峨的大理石纪念碑,那里可以说是美国的航空发祥地。

当年奥维尔因飞机发明人之争而运往伦敦博物馆陈列的那架"莱特一号",在1945年第二次世界大战结束时,由美国政府出面交涉而平安归回,并陈列在史密斯尼安的大厅里。如今,在美国航空和宇航博物馆里陈列着带有美国军团标志的莱特飞机。

莱特兄弟曾获得多种荣誉和奖励,如1909年美国国会的荣誉奖。1924年奥维尔·莱特被授予卓越飞行十字勋章。

值得一提的是莱特兄弟"航空先锋"的美誉是在国外首先获得的。为了纪念威尔伯在欧洲建立的功绩,人们于1920年7月20日在勒芒中心查可潘广场的圣求里安寺院附近建立威尔伯·莱特纪念碑。碑高10米,表示威尔伯当年第一次在勒芒飞行表演的高度。碑顶上屹立着一个男性雕像,双手高高举起,仰望天空,意思是以赤诚之心向天空挑战。石碑四周雕刻有许多图文,意味隽永,以此纪念威尔伯和其他航空先驱。

莱特兄弟实现了人类像鸟儿一样在天空中自由飞翔的梦想,人类驾机航行的愿望终得实现,在航空发展史上立下了不朽的功绩。

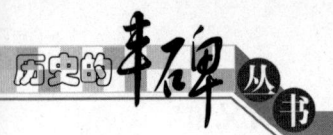

威尔伯、奥维尔两兄弟虽然去了，但他们为人类创造的遗产将长存。

全世界人民将永远记住他们的名字。